La force du divorce

Essai de décryptage du malaise des divorces au sein de la communauté camerounaise aux Etats-Unis.

Rodrigue Yonga, Eds

Les Editions du MUNTU

ISBN 978-2-492170-39-3

www.dulivrepourvivre.org

Table de matières

Remerciements

Toute ma reconnaissance à :

- Dr Séraphine, pièce centrale de mon système de soutien

- Mes chers enfants Lyon, Julia-Jane, Ivana et Samuela Yonga

- Ma famille, notamment le Colonel Durand Castro Ndjimou pour son précieux et indéfectible soutien

- Christian Camille Nana pour la relecture et sa présence constante

- Mon ami Amstrong Tatheu

- Tous.tes mes ami.e.s de Los Angeles, San Francisco et les environs

- La dynamique équipe de la Francophone Heritage Society : Myrande Essoh, Arlette Ogiamien, Heather Neal, Rebecca Rice et Jocelyn "Josy" Siekallie

- Le personnel de Azusa High School, précisément mon chef de département Andrea Vogel

- Mon pasteur Rev. Dr. Frances Wattman Rosenau, qui a bien voulu préfacer cet ouvrage

- Mon inspiration et conseillère Coach Lisa Prudy Wafo

- L'ensemble de la communauté camerounaise des Etats-Unis sans laquelle cette œuvre n'aurait probablement pas vu le jour

Enfin et non des moindres, l'honorable Françoise Foning -de regrettée mémoire- auprès de qui j'ai appris l'art de la vie.

Préface

Les pages qui suivent proposent une conversation d'actualité sur le thème du divorce dans la communauté d'immigrants camerounais aux États-Unis, son impact, ses causes et ses effets, ainsi que des suggestions de soutien et de solutions.

M. Yonga apporte son expertise et son expérience par le biais des connaissances et des informations sur les pratiques qu'il a observées dans la communauté camerounaise aux États-Unis ainsi que sur les spécificités des normes juridiques et financières aux États-Unis, qui aideront toute personne en instance de divorce. Il parle du poids du déplacement culturel sur la famille et souligne que de nombreux mariages ne surmontent pas la pression. Loin d'être une ressource réservée aux divorcés, il s'agit ici d'un manuel pour l'ensemble de la communauté.

C'est une invitation à l'ensemble de la communauté à parler plus librement de l'impact du divorce. Très souvent, les couples qui divorcent gardent le problème pour eux jusqu'à ce que les tensions soient élevées et que les dés soient jetés. Au contraire, M. Yonga invite l'ensemble de la communauté à parler souvent et librement du divorce – de ses causes, de son importance et de son impact. Ce n'est qu'ainsi que les personnes en proie au fléau seront plus susceptibles de solliciter de l'aide à temps. Fournir une éducation sur une dynamique relationnelle saine ou des encouragements et des ressources pour le conseil aux couples sont des choses pratiques que l'ensemble de la communauté camerounaise peut s'offrir et qui profiteront à tous. Renforcer l'importance de la communication et tenir compte des différences culturelles apportera des solutions adaptées à ceux qui vivent désormais dans un contexte différent du contexte africain dans lequel ils ont grandi. Toute personne et toute relation bénéficieraient de ces ressources.

Toutefois, il ne s'agit pas uniquement d'une ressource de prévention mais aussi d'outils et d'informations pratiques sur la procédure juridique et les ramifications du divorce pendant et après la procédure. M. Yonga donne une lueur d'espoir à ceux qui l'ont vécu, ainsi que des conseils pratiques sur les responsabilités et les options financières. Les implications financières et les pressions qui en résultent sont particulièrement difficiles pour de nombreuses familles et sont abordées ici en détail. Bien qu'il soit généralement difficile de parler de questions financières, les ressources présentées ici clarifient de nombreuses questions et proposent des questions juridiques et financières spécifiques à poser.

En ma qualité de pasteur, j'exalte l'importance d'une communauté solidaire pour des personnes qui traversent des moments difficiles. Vivre dans un nouveau pays et s'adapter à la culture, aux pressions financières et à un rythme de vie différent est déjà assez difficile. Et une communauté de personnes ayant une éducation similaire et ayant réussi la transition constitue déjà un soutien précieux pour tous les ajustements nécessaires en situation d'expatriation.

Au-delà d'aider les gens à s'acclimater culturellement, se soutenir mutuellement en temps de crise est primordial. J'ai vu la communauté se rassembler autour des personnes ayant perdu un être cher dans leur pays d'origine, par exemple. Ce sont des moments où tout le monde se réunit pour élever des prières, apporter soutien, conseils et partager leurs expériences. En fait, c'est à ce moment que la communauté brille et fournit de l'aide et des solutions à chaque membre, lorsque le besoin se fait le plus ressentir.

M. Yonga appelle la communauté à se rassembler également autour des personnes en instance de divorce. Il est très important de surmonter les tabous afin d'offrir aux gens l'aide dont ils ont besoin en temps de crise. Le divorce est une sorte de mort. J'ai vu des gens éprouver le même chagrin et la même dépression que lors de la perte d'un être cher. Les vies changent, les logements changent, et il y a la perte d'une relation jadis très importante dans la vie de quelqu'un. Certaines personnes ressentent également de la honte ou du jugement et ont peur d'admettre qu'elles sont en instance de divorce. Le divorce peut provoquer des sentiments de chagrin similaires à ceux du décès d'une personne, malheureusement le soutien de la communauté dans son ensemble est souvent moindre. Quand on ne parle pas de divorce, on laisse les gens le subir dans la solitude..

Dans ces pages, nous avons un début de discussion, une ressource que la communauté peut avoir et partager. En brisant le tabou, M. Yonga va au cœur des problèmes auxquels sont confrontées les personnes en instance de divorce. Il ne s'attaque pas seulement aux problèmes eux-mêmes, mais propose également des solutions pratiques pour la prévention ainsi que pour faire face aux conséquences.

J'espère et je prie pour que ce soit une ressource pour ceux qui en ont le plus besoin. Le pouvoir de la communauté est la pièce maîtresse de ce travail, encourageant chacun à aborder ce problème sans détour. Après tout, la communauté est très présente dans de nombreuses cultures africaines et devrait être valorisée comme un moyen d'aider ceux qui en ont été séparés. En ôtant cette pierre angulaire culturelle, le travail de M. Yonga sur le divorce sera une ressource pour ceux qui en ont le plus besoin.

Rev. Dr. Frances Wattman Rosenau

INTRODUCTION

Le taux de prévalence fortement élevé des divorces au sein des communautés d'origine africaine, en général, et camerounaise, en particulier, aux États Unis est symptomatique d'un mal profond qui les ronge. Beaucoup de couples camerounais arrivés ou formés aux États Unis se soldent généralement par des divorces. Il n'existe peut-être pas de statistiques officielles dans ce domaine, mais, à l'observation, ce taux serait largement supérieur à 50%; ce qui classe cette communauté parmi les plus vulnérables en termes de stabilité matrimoniale et familiale.

Les causes de cette instabilité chronique sont nombreuses et les conséquences sont dévastatrices pour les familles. La cause majeure est le trouble d'adaptation dans cet univers culturel complètement étranger. A cette cause majeure se greffent d'autres que nous qualifierons de secondaires, bien qu'elles soient en fait des émanations de la première. Nous pouvons citer ainsi les difficultés des rapports entre partenaires, notamment les rapports structurels, communicationnels et financiers.

La manifestation la plus importante dans ces causes est ce que nous pouvons appeler les difficultés de rapports structurels. Nous entendons par rapports structurels les formes de fonctionnement ou la structure même du couple. Pour mieux comprendre ce problème structurel, il faut remonter à la sociologie même des couples tels qu'ils sont vécus au Cameroun. En effet, la société camerounaise est essentiellement patriarcale et accorde un grand rôle et de nombreux pouvoirs à l'homme qui est le principal pourvoyeur et le chef incontestable de la famille. La femme ou l'épouse, quant à elle, est très souvent appelée à jouer un rôle de « supporting cast », c'est-à-dire une aide ou une assistante du chef de famille. En tant que telle, ses tâches sont définies et élaborées par son mari au gré des besoins, en plus de celles qui lui reviennent naturellement tels que les accouchements et la charge des enfants. L'épouse traditionnelle au Cameroun embrasse volontiers ce rôle qu'elle assume pleinement. En réalité, à y regarder de près, ses nombreuses tâches de mère et épouse ne sont pas valorisées à leur juste mesure et laissent croire qu'elle n'est en effet qu'une « supporting cast ». Les mesures de ce rôle sont très souvent mises à la lumière si cette épouse vient à divorcer ou à décéder. Avec la globalisation de certaines valeurs féministes amplifiée par l'universalisation des moyens de communication, ce rôle de la femme est de plus en plus remis en question, même au Cameroun.

Au regard de ce schéma traditionnel, les couples camerounais vivant aux États-Unis ont du mal à trouver un mode structurel qui leur permette de perpétuer cette identité culturelle des couples tels que perçus dans leur pays d'origine. Il est très difficile que l'homme continue d'être ce chef incontesté de la famille dans une société qui impose pratiquement à la femme d'avoir une profession et contribuer aux charges familiales. Sa participation à ces charges suppose naturellement qu'elle a un emploi de temps aussi ou plus chargé que celui de son mari, si on considère ses charges dites naturelles. Cette nouvelle réalité est parfois perçue comme une émasculation du pouvoir central du chef de famille. La femme dans ce cas devient une co-actrice ou copilote. Ainsi vu, l'homme devrait être appelé à revoir fondamentalement sa place, autrement dit à un partage de pouvoir. La réalité est que dans la majeure partie des cas, le refus de ce partage de pouvoir entraîne des bras de fer au sein de la famille, ce qui finit souvent par ébranler celle-ci. L'inadéquation culturelle ou la difficulté à opérer l'indispensable transition pour s'adapter à la société américaine est la source des difficultés de rapports dits structurels. Cela veut dire que la dynamique même du couple est mise à mal. L'ébranlement de l'unité matrimoniale et familiale devient l'arbre qui cache toute une forêt de complications.

La première complication se manifeste par des soucis de communication, ce que nous avons désigné rapport de communication. Ayant du mal à s'ajuster au mode fonctionnement de la société américaine, le mari-chef de famille - incontesté devient incompris et frustré. Il s'adapte mal à voir son assistante jouer un rôle plus ou trop important. Cette frustration peut aboutir à un renfermement sur soi ou bien à des violences. Ces violences peuvent être verbales, psychologiques ou plus palpables, physiques. D'un autre côté, la femme qui jouit d'un rôle de copilote parfois n'est pas suffisamment préparée pour transformer son pouvoir en atout pour la famille plutôt qu'en une usurpation de la place du mari. Il est important de comprendre cette réalité afin de cerner le renversement des rapports de force qui plombent la communication. Quand elle ne fait pas attention, cette nouvelle femme devient trop zélée et arrogante, au goût du mari africain traditionnel. Ces descriptions peuvent paraître banales et brutales, mais elles sont la source du bras de fer entre les époux qui ont du mal à trouver un équilibre qui leur permette de fonctionner harmonieusement.

La deuxième complication est liée aux difficultés inhérentes aux rapports financiers. Le nouveau rôle de la femme copilote lui confère un pouvoir financier jadis dévolu exclusivement à l'homme dans la structure traditionnelle. D'ordonnateur principal des ressources financières de la famille, l'homme voit sa femme être appelée à porter un regard ou décider de la gestion de ces ressources qu'elle participe à générer. L'implication directe de cette copilote n'est pas toujours bien perçue par l'homme. Il doit rendre compte des opérations financières de la famille. C'est une transition particulièrement compliquée du fait de l'opacité de cette gestion dans la famille traditionnelle. L'homme qui se donnait jadis des pouvoirs de dépenses discrétionnaires et incontrôlées se sent mal de devoir tout partager avec son épouse. Il est à noter que la gestion opaque dans la société traditionnelle débouche le plus souvent sur des dérives, même extra conjugales. Ceci peut entre autres expliquer le malaise de l'homme qui doit rendre compte à son épouse. L'épouse-copilote qui jouit de ses nouvelles prérogatives ne se prive pas de renverser dans quelques cas le rapport et devient l'ordonnatrice principale des biens du couple.

Pour comprendre davantage ces nombreuses difficultés auxquelles font face les couples camerounais aux États-Unis, il convient de tenir en compte la structure familiale africaine avec ses ramifications, les familles tiges de patate, comme cela s'appelle souvent en Afrique. Ces dernières jouent un rôle prépondérant dans la dynamique du couple. Il n'est pas rare que les ressources de la famille servent aussi à subvenir aux besoins des autres membres de la famille - un cousin, un neveu ou une tante, tout y passe - tant du côté de l'homme que de celui de la femme. Il faut dire que naturellement c'est l'époux-pilote qui est généralement le décideur de répartition de ce type d'assistance. Une fois que les rapports sont inversés et que le pouvoir change de main, le décideur change aussi. Une fois installée dans ce rôle de décideuse, la femme voit son influence s'accroître et ceci peut conduire à un cycle de complications qui endiguent la communication au sein du couple. Cette situation déclenche des révoltes non seulement chez le mari mais aussi au sein de sa famille qui se voit privée de ses largesses d'antan.

En définitive, l'adaptation socio-culturelle, le déficit ou encore l'absence de celle-ci sont les causes majeures de la plupart des divorces dans les couples camerounais aux États-Unis. Il est de notoriété publique que le divorce provoque parfois des conséquences; d'où la nécessité d'examiner quelques-unes d'entre elles.

Premièrement, les divorces créent un traumatisme psychologique au sein des familles qui les vivent. Ce traumatisme est d'autant plus criard qu'il est tabou. Du jour au lendemain, on voit des familles qui s'éclatent sans causes apparentes. Les enfants en paient dans la plupart des cas un lourd tribut : affect psychologique, baisse des performances scolaires et autres dérapages. Ces différents troubles sont accentués par le fait que les immigrés africains sont parfois très peu connectés aux ressources d'assistance pourtant disponibles au sein de la société américaine. Cette situation conduit à des crises telles que les maladies mentales chez les enfants et les parents, les violences chez les parents divorcés et, au pire des cas, à des crimes passionnels.

Deuxièmement, le fait que ces divorces demeurent tabous ne favorise pas la sensibilisation et une éducation pourtant vitale sur le sujet au sein de la communauté. Beaucoup de divorces auraient pu être évités s'il y avait une communication ouverte là-dessus. La stigmatisation des divorcés dans la société traditionnelle africaine n'aide pas souvent. En Afrique, partager sa douleur, surtout pour les hommes, est mal perçue. Ceci est source de raillerie, de moquerie et même de commérage. Il est préférable de ravaler sa douleur et de l'accepter comme le loup de Vigny, le plus stoïquement possible. Cette tendance à enfouir sa douleur n'est que pure mascarade et entraîne la recrudescence des problèmes de même nature, qui malheureusement auraient pu être évités. La sensibilisation systématique participerait à éduquer les membres de la communauté et ainsi mitiger la propagation de ce fléau social, véritable épée de Damoclès au sein de la communauté camerounaise basée au pays de l'oncle Sam.

PARTIE I

Causes du malaise des divorces au sein de la communauté camerounaise aux Etats-Unis.

Chapitre 1
Les principales causes du divorce

Entre autres causes majeures du divorce dans la communauté camerounaise aux Etats-Unis figurent les différences culturelles, les problèmes de communication, les pressions familiales et les difficultés financières.

Les différences culturelles, telles que les attentes en matière de rôles de genre et de mariage, peuvent conduire à une incompréhension mutuelle et à des conflits, qui à leur tour entraînent des divorces. D'une part, les problèmes de communication tels que le manque de dialogue ou la barrière linguistique dans beaucoup de cas sont sources de malentendus et de frustrations qui peuvent être considérées comme des grandes causes de divorce. D'autre part, les pressions familiales, à l'instar des attentes des parents ou des beaux-parents, peuvent exercer une pression sur le couple et contribuer aux problèmes conjugaux.

Finalement, les difficultés financières accentuées par des phénomènes comme le chômage ou des dettes, peuvent également causer du stress et des tensions dans le mariage, pouvant éventuellement conduire à un divorce.

- **Pressions culturelles et sociales**

Dans le cas des couples mixtes, les attentes traditionnelles en matière de mariage sont parfois à l'origine des conflits. Dans ces cas, les différences culturelles entre les partenaires peuvent créer des tensions et des incompréhensions. Une afro-américaine répondant à la question sur ces critères de sélection en matière de mariage m'a clairement indiqué qu'elle ne voudrait pas épouser un blanc-américain parce qu'elle n'aimerait pas avoir à « expliquer sa culture » tout le temps. Les problèmes liés aux dichotomies culturelles, il va sans dire, vont bien au-delà de la seule communauté camerounaise. Et il convient d'ajouter à cela la pression de la famille élargie qui la plupart du temps joue aussi un rôle majeur dans les décisions de divorce. Dans cette catégorie, on ne peut pas non plus négliger les normes sociales et les stéréotypes qui rendent difficile la résolution des problèmes conjugaux.

- **Difficultés d'adaptation à un nouvel environnement**

Vivre dans un nouvel environnement n'est pas toujours facile. Les problèmes d'intégration et de discrimination peuvent affecter la stabilité du mariage. Des tensions peuvent également survenir en raison des difficultés d'adaptation. Très souvent, les barrières linguistiques peuvent compliquer la communication entre les partenaires, ce que nous avons appelé problèmes de communication mutuelle. On ne peut pas faire fi du stress et des tensions liés à l'immigration. Ce facteur est à la fois une cause et une conséquence des divorces. Des mariages formés à la hâte pour les besoins d'ajustement du statut migratoire se soldent très souvent par des divorces, car n'ayant pas de base solide. D'autre part, les différences au sein des systèmes juridiques et les droits des femmes suscitent des problèmes d'intégration et de discrimination. Des tensions entre partenaires naissent parfois de la discrimination basée sur la nationalité ou l'origine ethnique qui généralement entraîne l'exclusion sociale et la marginalisation des individus. Cette discrimination peut également affecter la confiance et la coopération entre les différentes communautés. Elle peut créer des stéréotypes négatifs et renforcer les préjugés existants.

- **Problèmes de communication et de compréhension mutuelle.**

La discrimination basée sur la nationalité ou l'origine ethnique peut aussi avoir des conséquences psychologiques néfastes sur les individus qui en sont victimes. Les personnes discriminées peuvent être stigmatisées et marginalisées dans la société. A ceci il faut ajouter que les préjugés et les stéréotypes négatifs peuvent influencer les interactions interpersonnelles. Quant à la discrimination, elle entraine une méfiance et une tension entre les individus de différentes nationalités ou origines ethniques. Les ramifications de la discrimination sont aussi nombreuses, diverses que néfastes. Elles sont des barrières à l'intégration sociale et professionnelle. Les individus discriminés rencontrent bien souvent des difficultés pour trouver un emploi ou accéder à des opportunités d'éducation, conduisant ainsi à une exclusion économique et une marginalisation sociale. La discrimination peut affecter l'estime de soi des individus. Les personnes discriminées se sentent exclues et isolées socialement. Elles ont du mal à se faire des amis ou à établir des relations de confiance. A bien des égards, l'isolement social provoque des problèmes de santé mentale tels que la dépression et l'anxiété. Les personnes victimes de discrimination finissent parfois par développer une faible estime de soi et une perception négative d'eux-mêmes et même une perte de confiance en soi ou une baisse de motivation.

- **Barrières linguistiques**

S'agissant des couples mixtes, que ce soit en termes de races ou d'origines diverses, la communication entre les partenaires peut être compliquée en raison de la différence de langues. En fait, les tensions dans le mariage peuvent être le corollaire de la difficulté à se comprendre Certains couples avec qui j'ai souvent échangé avouent qu'ils ne parviennent pas à développer une véritable intimité du fait de la barrière linguistique, le mari ou la femme étant incapable d'exprimer certaines réalités de façon intelligible.

- **Différences dans les systèmes juridiques et les droits des femmes**

Nous avons mentionné plus haut des conflits qui peuvent survenir en raison des différences dans les systèmes juridiques entre les pays d'origine des conjoints. Par exemple, les droits de la femme peuvent varier d'un pays à l'autre, ce qui peut entraîner des différences de perception et partant, des tensions dans le mariage.

- **Problèmes financiers**

Le malaise des divorces affecte la communauté camerounaise aux Etats-Unis en créant des tensions familiales, en perturbant l'équilibre émotionnel des individus, en entraînant des problèmes financiers et en affectant la réputation de la communauté.

Le principal point d'achoppement dans beaucoup de couples est celui des difficultés financières. Ce qui pose problème dans la plupart des cas, ce sont les différences de perspectives sur la gestion de l'argent. Par exemple, les attentes différentes en matière de niveau de vie et les désaccords sur les dépenses et les économies. Beaucoup de personnes mariées ont du mal à s'entendre sur leurs priorités financières. Ceci trouve son fondement dans les différences liées au genre, aux origines des membres du couple et même leur éducation familiale. Prenons comme illustration le cas de ce couple camerouno-thaïlandais. L'épouse qui contribue équitablement au ménage veut s'offrir une voiture dont elle a toujours rêvé. L'époux, par contre, habitué à une vie plutôt frugale, voit clairement en ce projet une dépense farfelue vu que le couple dispose déjà d'un véhicule et d'une motocyclette. L'épouse obnubilée par l'idée de se faire plaisir va alors monter sur ses grands chevaux. Cette illustration n'est que la pointe visible de l'iceberg généré par les finances dans le couple. Par ailleurs, les difficultés liées à l'emploi et au chômage ne déstabilisent pas moins la santé financière du couple.

Influence et attentes de la famille élargie au Cameroun

Au Cameroun, les familles élargies exercent une forte influence sur les choix des couples. Cela peut entraîner des conflits lorsque les attentes familiales entrent en conflit avec les décisions du couple. Les couples se sentent souvent obligés de répondre aux attentes de leur famille, par exemple en ayant des enfants rapidement après le mariage ou encore en engendrant beaucoup plus d'enfants.

- **Conflits entre les attentes familiales et les choix du couple**

Les attentes de la famille élargie peuvent entrer en conflit avec les choix personnels du couple. Ces conflits peuvent créer des tensions et des désaccords au sein du couple. Le couple peut se sentir pris dans la tenaille des attentes de la famille et leur propre désir d'autonomie et de liberté de choix.

Ces conflits peuvent être particulièrement présents lorsqu'il s'agit de décisions importantes telles que le mariage, la carrière professionnelle ou le choix du lieu de résidence. Il est important pour le couple de trouver un équilibre entre les attentes de la famille et leurs propres desseins.

- **Le sentiment de devoir répondre aux attentes de la famille**

Dans la société camerounaise, il existe souvent un fort sentiment d'obligation envers la famille élargie. La famille est considérée comme une unité importante et les individus sont parfois encouragés à faire passer les besoins de la famille avant les leurs. Ce sentiment de devoir peut créer une pression importante sur le couple pour se plier aux attentes de la famille. Le couple peut se sentir obligé de prendre des décisions qui ne correspondent pas nécessairement à leurs propres souhaits ou besoins. Cela peut entraîner des sentiments de frustration, de ressentiment ou de perte d'autonomie. Il est important pour le couple de communiquer ouvertement et honnêtement avec la famille sur leurs propres besoins et limites.

- La pression pour avoir des enfants rapidement après le mariage

Un exemple courant de pression exercée par la famille élargie est la demande de procréer rapidement après le mariage. Dans la culture camerounaise, la famille considère souvent les enfants comme une priorité et attend que le couple ait des enfants dès que possible. Cette attente peut mettre une pression sur le couple qui parfois ne se sent pas prêt à accueillir des enfants aussitôt. En effet, plus d'un facteur devrait normalement être pris en compte, en l'occurrence les facteurs émotionnel, financier ou professionnel. Certains couples cèdent à cette pression familiale et ne s'en remettent malheureusement jamais. Il est primordial que le couple prenne le temps de réfléchir à leurs propres souhaits et besoins en matière de procréation et de communiquer ouvertement avec la famille à ce sujet.

Il est également important de se rappeler que la décision d'avoir des enfants doit être consensuelle et réservée au couple.

- Stress financier

Généralement attribué au manque et/ou au sous-emploi, le stress financier, un autre facteur de pression, survient aussi quand on a du mal à comprendre le système financier du pays et à gérer ses rentrées financières aux États-Unis. Cette méprise peut entraîner des conflits dans le couple et même rendre difficile de trouver un bon emploi parce qu'on se retrouve finalement pris dans un cercle vicieux. Le système financier américain est d'une complexité avérée, rien à voir avec ce qui est fait au Cameroun. L'ignorance des règles et des pratiques financières aux États-Unis, notamment en matière de taxes et d'impôts, peut engendrer des frustrations dans la gestion quotidienne des finances du couple. A titre d'exemple, l'on utilise presque exclusivement de la monnaie courante au Cameroun. Aux Etats-Unis, il existe un système de crédit auquel l'on ne peut se soustraire parce qu'il faut avoir un rapport de crédit positif pour avoir accès à un certain nombre de privilèges dans la société, tels que l'achat d'un véhicule, d'une maison ou de tout autre investissement important. Être endetté aux Etats-Unis est dans bien de cas une bonne pratique. Maintenant, il faut savoir quels types de dettes peuvent contribuer à bâtir votre crédit et quel niveau d'endettement est convenable. Il est donc indispensable de comprendre le système de fonctionnement financier américain pour bien y naviguer. Quand on n'y parvient pas, cela peut causer bien d'ennuis comme ceux avec les systèmes bancaires et les services financiers et, plus grave, les services d'impôt. Pour un fonctionnement harmonieux et une vie réussie aux Etats-Unis, il est indispensable de s'initier très tôt à la gestion des finances personnelles selon les normes américaines.

Impact du malaise du divorce sur la communauté camerounaise aux États-Unis

- ## Conséquences émotionnelles

Les cas de divorce sont légion au sein de la communauté camerounaise aux Etats-Unis. Malheureusement, ce mal est resté tabou à ce jour. Il n'est plus à démontrer que le divorce cause des traumatismes émotionnels pour les individus, les familles et jettent du discrédit sur la communauté dans son ensemble. Les enfants issus de familles affectées en prennent un coup quant à leur bien-être émotionnel. Cette déstabilisation émotionnelle est à l'origine de graves crises d'identité ou d'intégration chez les enfants. Les répercussions sont innombrables. Entre autres, on peut énumérer la stigmatisation sociale liée au divorce, plusieurs des cas de santé mentale et les relations familiales tendues entre familles et divers autres conflits.

Les conséquences du divorce au sein de cette communauté sont ravageuses et ne se limitent pas qu'aux membres des familles affectées. Elles fragilisent l'essence même de la communauté par sa fragmentation, et des cas de difficultés économiques dont sont très souvent victimes les femmes qui en plus souffrent des différences de traitement dues aux normes culturelles. Dans la société traditionnelle camerounaise, la femme est considérée comme l'âme de la famille, même si le rôle principal est l'apanage de l'homme. Lorsqu'un divorce survient, la femme est très souvent tenue pour responsable. Outre son pouvoir financier qui est brisé, la femme doit, dans la plupart des cas, faire face au rejet et aux stigmates liés à ces « normes » traditionnelles. La communauté toute entière prend ainsi un coup, même si c'est par ricochet.

Les raisons du taux élevé de divorce peuvent inclure des différences culturelles, des problèmes de communication et des pressions sociales tels qu'énumérés plus tôt. Il est important de sensibiliser la communauté et de fournir des ressources pour soutenir les couples dans leur union. Cette sensibilisation peut être accentuée par des programmes de conseil matrimonial et des initiatives de renforcement des relations pouvant aider à réduire le taux de divorce.

Comment mitiger le taux exponentiel de divorce au sein de la communauté camerounaise aux Etats-Unis

- **Stratégies d'adaptation**

L'objet de cet essai ne se limite pas à l'identification des causes et conséquences du divorce rampant dans la communauté camerounaise aux Etats Unis ; il vise aussi et surtout à identifier des méthodes d'apaisement voire d'éradication de ce fléau. Nous avons identifié entre autres que la recherche de soutien communautaire et la participation à des programmes d'intégration sont salutaires. Également, la consultation de conseillers conjugaux, le développement de compétences interculturelles, la gestion du stress et des problèmes financiers, et finalement le renforcement des liens familiaux sont autant de stratégies qui, si elles sont développées et intégrées de façon consciente au sein de la communauté, pourraient s'avérer salvatrices au bout du compte. D'autre part, il est important de prendre en compte les facteurs de stress et tensions liés à l'immigration dans la communauté camerounaise aux Etats-Unis; et il est nécessaire de soutenir les couples immigrés dans leur adaptation en vue d'une stabilité conjugale pérenne. Ceci peut éviter des pratiques comme des mariages contre-nature pour des besoins de régularisation qui dans bien de cas conduisent à de sérieux ennuis par la suite. Beaucoup de jeunes couples font face à des situations de stress indicibles pendant leur phase initiale d'intégration et ont besoin de soupapes d'évacuation qui leur permettent de maintenir un équilibre appréciable. À cet égard, le soutien de la communauté est indispensable. Afin d'être effectif et efficace, ce soutien doit être intentionnel et ouvert au sein de la communauté, d'où l'importance de la sensibilisation.

Chapitre 2
Les effets du taux de divorce

Effets sociaux du taux élevé de divorce au sein de la communauté camerounaise aux Etats-Unis

Le divorce contribue largement à la détérioration des liens familiaux et à l'augmentation des conflits entre les membres de la famille et induit des changements des rôles traditionnels au sein de la famille. S'en suivent alors des difficultés à maintenir une certaine cohésion familiale propice à l'épanouissement de tous ses membres et surtout des enfants. Par conséquent, le divorce laisse un impact négatif et très nocif sur l'éducation des enfants.

- Conséquences économiques

Sur un tout autre aspect, la fin d'un mariage suppose aussi la perte de revenus pour les deux conjoints et une chute du train de vie pour l'ensemble de la famille. La stabilité financière de la famille qui est déjà entamée est davantage écornée, entre autres, par des dépenses liées aux procédures de divorce

- Effets sur la communauté Rôle de la culture

La culture camerounaise accorde une grande importance à la stabilité familiale et au mariage. De ce fait, le divorce est souvent considéré comme un échec et une rupture de l'unité familiale. La pression sociale pour maintenir un mariage intact peut conduire à la stigmatisation des personnes divorcées. Nous l'avons dit et le réitérons : les femmes très souvent sont les plus grandes victimes de cette stigmatisation sociale. Elles portent parfois et pendant très longtemps ce voile noir subtil, subjectif à la fois et rongeur de l'âme. Les raisons de cette stigmatisation peuvent inclure des croyances culturelles et religieuses. La religion joue un rôle central dans la vie de plusieurs Camerounais et peut promouvoir des normes strictes en matière de mariage et de divorce. Pour certains groupes religieux, le divorce s'inscrit en marge des enseignements religieux ; c'est un péché. La pression sociale et les attentes familiales peuvent également contribuer à coller cette étiquette. En fin de compte, cette pratique peut avoir des conséquences négatives sur la santé mentale et le bien-être des « contrevenants ». Il est important de promouvoir l'acceptation et la compréhension des personnes divorcées dans la communauté.

Tout comme dans leur société d'origine, les membres de la communauté camerounaise aux États-Unis peuvent avoir des attentes élevées envers les individus et les couples. Le divorce peut être perçu comme un échec personnel et une infamie. La stigmatisation sociale peut découler de la peur du jugement et de la désapprobation de la communauté.

Cette stigmatisation peut également et surtout être alimentée par un manque de compréhension et d'éducation sur la question du divorce. Les idées fausses et les préjugés sur le divorce peuvent envenimer la situation. L'éducation et la sensibilisation peuvent aider à réduire cette stigmatisation sociale des divorcés.

- **Changement des normes et des valeurs familiales**

Le divorce a un impact sur les valeurs familiales dans la communauté camerounaise aux États-Unis. Les enfants issus de familles séparées peuvent être confrontés à des défis émotionnels et culturels. Les rôles traditionnels des parents peuvent être remis en question après un divorce. La communauté doit s'adapter aux nouvelles réalités et soutenir ces familles déjà affligées. Refuser de s'éduquer sur cette question contribue plutôt à renforcer les préjugés et cette stigmatisation pas favorables au bien-être de la communauté.

Effets psychologiques du taux élevé de divorce au sein de la communauté camerounaise aux États-Unis

Le divorce est une hydre qui a plusieurs tentacules de destruction et dont l'impact est fort néfaste sur la famille et la communauté.

La séparation peut entraîner une augmentation du niveau de stress chez les individus et des changements dans la vie quotidienne. La perte de la relation et la réorganisation de la vie sont à l'origine de ce stress. Il est indispensable de trouver des mécanismes de gestion du stress pour faire face à cette situation. La séparation et ou le divorce déclenchent de l'anxiété en raison de l'incertitude quant à l'avenir. Les individus peuvent se sentir préoccupés par leur situation financière, leur logement et leur vie sociale. Il est essentiel de chercher du soutien et de développer des stratégies pour faire face à cette anxiété.

Le divorce peut également entraîner une augmentation du stress lié à la séparation. Il est à noter que cette incertitude de l'avenir est mauvaise pour la santé mentale. Les conséquences économiques du divorce sont source de stress financier. Mis ensemble, tous ces facteurs démontrent que le divorce est très dangereux pour la santé mentale des individus.

- ## Dépression après un divorce

Au regard de ces considérations, il faut dire qu'il est très probable de développer une dépression suite à un divorce. Les personnes qui se trouvent face à des facteurs stressants pris isolément ou combinés courent un risque accru de développer une dépression. La séparation d'avec un partenaire peut entraîner des sentiments de tristesse et de désespoir, qui peuvent conduire à la dépression. La dépression peut également être causée par la perte d'estime et de confiance en soi. Il est important de reconnaître les signes de dépression et de rechercher de l'aide au besoin.

- **Difficulté à se remettre émotionnellement du divorce**

Il n'est pas facile de se remettre émotionnellement d'un divorce. Le divorce est très souvent considéré comme une séparation physique. Mais l'aspect émotionnel qui tend à être oublié ou négligé est très profond. La vie à deux crée des souvenirs et des mémoires tissés au fil du temps. En fonction de la longueur du mariage, ces souvenirs peuvent être très ancrés dans les esprits et il n'est pas facile de s'en défaire du jour au lendemain. Tout peut ramener au souvenir un être à qui l'on était jadis attaché : une musique, un film ou tout simplement un repas que l'on partageait ensemble. La mélancolie qui découle du divorce peut aussi amener à perdre confiance en soi-même et faire que l'on ait du mal à se reconstruire au terme de la relation. Prendre le temps de guérir émotionnellement et rechercher du soutien est absolument nécessaire. Sans ce soutien, le divorce peut entraîner une dépression due à des sentiments de tristesse et de désespoir.

- **Impact sur les enfants**

Les conséquences liées au divorce dans les familles camerounaises aux États-Unis sont généralement graves pour les enfants. Ces derniers peuvent être exposés à des situations de violence et de négligence après un divorce. Certains parents peuvent commettre des crimes tels que la maltraitance physique ou sexuelle envers leurs enfants. Les facteurs culturels et les difficultés d'adaptation peuvent contribuer à ces comportements criminels. Il est judicieux de sensibiliser et d'éduquer les parents sur les conséquences néfastes de tels actes sur leurs enfants. Outre les risques de dépression, le désordre engendré par le divorce peut aussi mener à des troubles émotionnels et comportementaux chez les enfants. Ceux-ci peuvent développer des troubles émotionnels tels que l'anxiété, la dépression ou la colère en raison de la situation familiale difficile. Certains enfants peuvent également présenter des comportements agressifs, des problèmes de sommeil ou des difficultés à se concentrer. Ces troubles émotionnels et comportementaux ont inéluctablement un impact négatif sur la vie quotidienne de l'enfant, ses relations avec les autres et ses performances scolaires. Ils peuvent également présenter des problèmes psychologiques tels que des troubles affectifs.

Les enfants sont ceux qui paient le plus lourd tribut d'une séparation et d'un divorce. La première raison est que tout leur tombe dessus et ils n'y sont jamais préparés, même si dans certains cas ils peuvent percevoir des signes avant-coureurs comme des disputes et des moments de violence. Après la séparation, ils ont toujours du mal à s'adapter à la nouvelle situation familiale qui implique la division de leurs parents et la rupture de la cohésion familiale. Ils ressentent de la confusion, de la tristesse, de la colère ou de la culpabilité. Il convient de fournir un soutien et une stabilité aux enfants pendant cette période de transition afin de les aider à s'adapter et à se sentir en sécurité.

Dans la majeure partie des cas, les enfants tirent le diable par la queue sur le plan académique en raison des conséquences de leur situation. A long terme, ils développent aussi des problèmes relationnels tels que des difficultés à faire confiance.

En général, les enfants qui vivent des situations difficiles ont un risque accru de développer des problèmes de toxicomanie et d'abus de substances à l'adolescence ou à l'âge adulte. L'utilisation de substances est perçue comme une échappatoire à leur réalité ou à leurs émotions. Quand les enfants voient ou vivent la violence à la maison, ça peut leur faire du mal. Ils peuvent se sentir tristes, en colère ou effrayés. A tout prendre, ils sont clairement les plus gros perdants.

- **Conséquences du taux de divorce élevé**

Nous allons insister sur l'impact dévastateur du divorce sur les enfants issus de ces mariages. Ces problèmes ne se limitent pas qu'à la santé mentale et émotionnelle chez les jeunes enfants, mais se propagent aux difficultés financières et économiques pour ceux-ci. Ils perdent parfois du jour au lendemain des privilèges auxquels ils avaient droit dans une vie de famille harmonieuse. Tout ceci a pour corollaire l'isolement social et la perte de soutien familial. Pris dans son ensemble, les divorces ont des effets déstabilisateurs sur la communauté camerounaise qui ne se limitent pas qu'à la stigmatisation et autres préjugés qui lui sont associés.

- Impact sur la relation parent-enfant

La situation familiale difficile peut entraîner une détérioration de la relation entre les parents et les enfants. Les enfants peuvent se sentir délaissés, négligés ou pris entre les conflits des parents. Il est essentiel de maintenir une communication ouverte, de favoriser un environnement familial positif et de fournir un soutien émotionnel aux enfants pour préserver une relation saine avec leurs parents. Les enfants issus de situations familiales difficiles ont un risque accru de développer des problèmes de santé mentale. Ils peuvent présenter des symptômes de dépression, d'anxiété, de troubles de l'alimentation ou de comportements autodestructeurs. Il est important de reconnaître ces signes et de rechercher une aide professionnelle pour soutenir la santé mentale des enfants.

Crimes après des divorces dans les familles camerounaises aux États-Unis

- Causes des crimes après des divorces

L'actualité de ces dernières années au sein de la communauté camerounaise aux Etats-Unis a enregistré des cas de crimes après des divorces tumultueux. En l'absence de soutien et d'encadrement nécessaires, les conflits conjugaux conduisent à des violences domestiques, entraînant aussi des risques de crimes après un divorce. Les tensions et les disputes au sein du couple peuvent escalader en violence physique ou verbale, ce qui peut avoir des conséquences néfastes sur la sécurité et le bien-être des personnes impliquées. Il est important de reconnaître et de traiter les problèmes de violence domestique pour prévenir les crimes après un divorce

Le processus de divorce peut être extrêmement stressant et traumatisant pour les personnes impliquées. La séparation d'un conjoint, la division des biens et des responsabilités, ainsi que les changements de vie sont des sources de stress émotionnel important. Sans pour autant les justifier, des comportements criminels subviennent dans beaucoup de cas. Ces comportements peuvent se manifester par la violence, les meurtres ou la consommation de drogues et d'alcool.

- Problèmes de garde des enfants

Après un divorce, les problèmes de garde des enfants créent des tensions et des conflits. Il naît dans beaucoup de cas des désaccords sur la garde des enfants qui conduisent à des disputes et des litiges juridiques. Tout ceci a un impact négatif sur la relation entre les parents et peut affecter le bien-être des enfants et augmenter le risque de comportements criminels susmentionnés.

- **Difficultés financières**

Etant donné que le divorce suscite des difficultés financières à cause de la séparation des biens et des revenus, il peut pousser certaines personnes à commettre des crimes, tels que le vol ou la fraude, pour subvenir à leurs besoins.

Sur le plan social, le divorce peut entraîner un isolement social et un manque de soutien pour les personnes concernées. La rupture d'une relation conjugale peut entraîner une perte de réseau social et de soutien émotionnel. La conséquence de cet isolement social et le manque de soutien peuvent augmenter le risque de comportements criminels, tels que la délinquance ou la toxicomanie.

Les problèmes de communication et le manque de coopération entre les parents peuvent contribuer aux crimes après un divorce. Une mauvaise communication a des effets sur la relation entre les parents et les enfants, ce qui peut avoir des conséquences néfastes sur le comportement des enfants.

Défis liés au taux élevé de divorces dans la communauté camerounaise aux États-Unis

Il est impératif d'identifier les causes principales des divorces dans la communauté et de promouvoir l'éducation et la sensibilisation sur les relations conjugales saines. Entre autres, il faut fournir un soutien émotionnel et psychologique aux couples en difficulté en les encourageant à la médiation et la résolution pacifique des conflits. Ceci passe par la création de programmes de conseil et de thérapie conjugale accessibles, l'organisation des ateliers et des conférences sur la communication et la résolution des problèmes. Il faut aussi penser à promouvoir l'égalité des sexes et l'autonomisation des femmes. Renforcer les liens familiaux et communautaires pour favoriser la stabilité conjugale. Encourager la recherche et l'étude des facteurs culturels et sociaux influençant les divorces et collaborer avec les institutions juridiques pour améliorer les procédures de divorce.

Différences culturelles entre les mariages africains et camerounais et les mariages américains

Dans la société camerounaise, il est de coutume que les mariages soient souvent arrangés par les familles, tandis que les mariages américains sont basés sur l'amour et le choix personnel. Cette réalité se perpétue à quelques niveaux au sein de la communauté camerounaise aux Etats-Unis sous des formes de présentation ou recommandation d'un ami ou d'un membre de famille. Ceci est accentué par la rareté d'occasions de rencontres entre personnes dans une société fortement cloisonnée. Il est à noter que ces camerounais fréquentent très peu des sites de rencontres, ce qui limite en général, les chances de rencontres non arrangées. Comme d'habitude, les mariages africains et camerounais mettent l'accent sur la communauté et la famille, tandis que les mariages américains mettent l'accent sur l'individualité et l'autonomie. Les rôles de genre sont plus traditionnels dans les mariages africains et camerounais, tandis que les mariages américains sont plus égalitaires faisant que les attentes et les pressions sociales sont différentes dans les mariages camerounais.

Dans les mariages camerounais, les rôles de genre sont souvent traditionnels et strictement définis. Les hommes sont généralement considérés comme les chefs de famille et les pourvoyeurs, tandis que les femmes sont responsables des tâches domestiques et de l'éducation des enfants. Aux États-Unis, les rôles de genre sont plus flexibles et peuvent varier d'un couple à l'autre. Les femmes sont souvent encouragées à poursuivre une carrière et à partager les responsabilités domestiques avec leur partenaire. Une fois qu'elles ont embrassé une carrière professionnelle, les rôles peuvent être modifiés ou inverses au sein des familles ce qui peut engendrer des conflits.

Sur un tout autre aspect, la famille élargie joue un rôle central dans les mariages camerounais. Les parents, les frères et sœurs, et les autres membres de la famille sont souvent impliqués dans la prise des décisions familiales en guise de « soutien » aux couples mariés. Aux États-Unis, la structure familiale est généralement plus nucléaire, avec un accent sur l'indépendance et l'autonomie du couple.

- **Cérémonies de mariage**

La célébration du mariage au Cameroun comme en Afrique, en général, est souvent ponctuée par des festivités qui peuvent s'étendre sur plusieurs jours. Ces cérémonies impliquent très souvent la participation massive de la communauté et sont considérées comme des événements importants pour le renforcement des liens familiaux et communautaires. Pas étonnant lorsqu'on sait qu'en Afrique ce ne sont pas deux personnes qui se marient, mais plutôt deux familles. Aux États-Unis, par contre, la cérémonie de mariage est généralement plus courte et plus centrée sur le couple, sans doute en raison du caractère individualiste de la société américaine, serait-on tenté de postuler.

- **Attitudes envers le divorce**

Les pressions sociales et familiales peuvent dans certains cas décourager les couples qui pensaient à la séparation, même en cas de problèmes conjugaux existentiels. Il n'est pas rare de voir des conjoints ensemble sans ne plus vraiment être ensemble. Aux États-Unis, le divorce est beaucoup plus accepté socialement et légalement plus facile à obtenir. Les couples américains peuvent être plus enclins à se séparer si leur mariage ne fonctionne pas, à tort ou à raison.

Chapitre 3

Quelques pistes de solutions

Stratégies pour prévenir les divorces liés aux différences culturelles

- Médiation interculturelle

La médiation interculturelle est un outil moins cher et pratique dont peut se servir la communauté pour soutenir ses membres. Il s'agit de fournir une médiation neutre et impartiale pour aider les couples à résoudre les conflits qui résultent des différences culturelles. Pour ce faire, il faut faciliter la communication entre les partenaires, en tenant compte de ces différences. Afin d'éviter des séparations et des divorces, le rôle d'une communauté saine est d'aider les couples à trouver des compromis et des solutions en intégrant les valeurs et les traditions de chaque culture. La tolérance doit être le maître mot; comme qui dirait, ne pas être d'accord avec autrui mais reconnaître et respecter son droit de penser autrement.

- Promotion de l'acceptation et de la compréhension mutuelle

Pour ce qui est des couples mixtes - presque tous le sont d'une façon ou d'une autre - il y a lieu d'encourager l'acceptation des différences culturelles au sein du couple. Pour y arriver, cela demande une certaine disposition d'esprit et de l'empathie envers les expériences et les perspectives culturelles de l'autre. Il faut aussi favoriser l'ouverture d'esprit et la curiosité pour en apprendre davantage sur la culture de son partenaire en organisant des activités et des événements favorisant l'échange et la découverte des cultures. Ces bonnes pratiques participent à offrir un soutien psychologique aux couples interculturels confrontés à des difficultés de cet ordre.

Les couples ont aussi besoin d'aide pour la gestion du stress et des émotions émanant des conflits culturels. Dans ce cas, la communauté doit pouvoir leur fournir des conseils et des stratégies pour développer la résilience et préserver la santé mentale.

Quand les membres d'un couple entretiennent une communication ouverte et honnête cela participe à établir des compétences en résolution de conflits utiles pour toute la communauté. Ces expériences peuvent être mises à disposition de jeunes couples qui ont parfois du mal à établir des attentes claires et réalistes, toutes choses qui favorisent l'équilibre entre vie professionnelle et vie personnelle.

- Accéder à des ressources et à un soutien appropriés

Au-delà des ressources qui apportent un soutien culturel adéquat, la communauté doit aussi encourager les couples en conflit à rechercher des conseils et des thérapies conjugales. Ces thérapeutes sont des experts pétris de formation et d'expérience en la matière. Il existe des thérapies préventives auxquelles les couples peuvent avoir recours quand le bateau matrimonial commence à prendre de l'eau. Mais tout comme la culture africaine s'encombre très peu de la médecine préventive, ce type de thérapie ne fait pas l'unanimité dans le milieu camerounais aux États-Unis.

L'objectif principal est de ne pas attendre que la situation se détériore complètement avant d'avoir recours à la thérapie. La participation à des groupes de soutien communautaires est tout aussi salutaire, ainsi que le fait de consulter des professionnels de la santé mentale. Afin d'étendre ses connaissances sur le sujet, il est impératif d'explorer les ressources juridiques et financières accessibles sur le web. Ceci permet de s'informer sur les droits et les lois liés au divorce. Une autre bonne pratique à encourager au sein de la communauté est celle qui consiste à trouver des mentors et des modèles de réussite qui peuvent encadrer et accompagner les jeunes couples. Cette pratique aiderait à partager des histoires de réussite et des conseils pratiques à toutes fins utiles.

Solutions pour réduire le taux de divorce au sein de la communauté camerounaise aux États-Unis

La promotion de l'éducation sur les relations et le mariage permet de doter les couples d'un soutien psychologique et émotionnel incontournable. Il faut apprendre aux couples qu'il est bien possible de résoudre pacifiquement des conflits. Il suffit de savoir communiquer. Le rôle de la communauté est d'aider dans ce sens, en organisant des programmes de renforcement des compétences en communication et en favorisant la promotion, voire la valorisation de la famille et des traditions. Tout ceci doit se passer dans des espaces communautaires sains pour le partage d'expériences et de conseils. Un environnement propice où l'on se sent en sécurité stimulerait la sensibilisation sur les conséquences du divorce et les bénéfices de maintenir une relation équilibrée. Puisqu'il est question d'éduquer, il serait possible de commencer par construire des ponts au sein même de la culture camerounaise et libérer les esprits des uns et des autres de certains stéréotypes. Par exemple, la participation des hommes dans les tâches domestiques et celle des femmes dans la prise de décision familiale doit être promue. Parler d'égalité des genres et encourager l'autonomisation des femmes contribueraient à faire disparaître ces stéréotypes qui n'aident pas du tout.

- **Organisation d'événements sociaux et culturels**

La vie au sein des communautés camerounaises à l'étranger a cette particularité qu'elle est assez dynamique et festive. Les moments de convivialité sont nombreux, même s'ils sont très souvent organisés entre groupes restreints et par affinités culturelles. De plus en plus, il existe des initiatives à grande échelle qui se multiplient, ce qui est très appréciable. De pareilles initiatives sont de nature à favoriser l'intégration des nouveaux venus et même des personnes en quête de repères. Maintenant, il faut greffer à celles-ci des événements sociaux et culturels destinés aux couples et aux familles afin de renforcer les liens familiaux et favoriser les échanges intergénérationnels. Par exemple, proposer des activités ludiques et éducatives adaptées à tous les membres de la famille lors de ces événements.

De même, il faut encourager la participation active des couples et des familles en leur offrant des opportunités de contribuer à l'organisation et à l'animation de ces activités socioculturelles. Pareillement, il est indispensable de promouvoir la diversité culturelle en proposant des événements mettant en valeur les traditions et les coutumes des différentes communautés présentes, une sorte d'inclusion sociale où chacun se sent accueilli et respecté. Enfin la collaboration avec d'autres organisations locales permettront d'organiser des événements conjoints et élargir l'offre de divertissement et de soutien pour les couples et les familles parfois renfermés sur eux-mêmes.

- **Services de conseil et d'orientation**

La force de la société africaine réside dans la stabilité de son tissu social. Même si les divorces commencent à devenir populaires, les couples s'y sentent plus soutenus et encadrés. Recréer ces communautés solides capables de promouvoir l'entraide et surtout un support affectif et psychologique est très important quand on vit en situation d'immigrés. Ces communautés peuvent fournir des services de conseil et d'orientation aux couples en difficulté afin de les aider à surmonter leurs problèmes et à améliorer leur relation. Elles peuvent aussi proposer des séances individuelles de conseil et des séances de thérapie de couple pour aborder les problématiques spécifiques rencontrées par quelque couple.

Un autre aspect important est celui d'avoir un espace confidentiel où les couples peuvent exprimer leurs préoccupations et leurs émotions en toute sécurité. Il est question d'utiliser des approches thérapeutiques basées sur des preuves scientifiques pour aider les couples à développer des compétences de communication et de résolution de conflits. Pour mieux y parvenir, il est encouragé de collaborer avec d'autres professionnels de la santé mentale, tels que des psychologues et des psychiatres, pour offrir une prise en charge globale aux couples en difficulté. Ceci permettra de proposer des ressources et des outils pratiques pour soutenir les couples dans la démarche d'amélioration de leur relation.

- Promotion de la solidarité et de l'entraide

Une communauté n'est réellement solide que si elle stimule la solidarité et l'entraide en encourageant les couples et les familles à se soutenir mutuellement. Les soirées festives sans but précis n'aident en rien les communautés. Il faut organiser des activités de bénévolat et des projets communautaires où les couples et les familles peuvent s'impliquer ensemble. Créer des espaces de partage et d'échange où les couples et les familles peuvent partager leurs compétences et leurs ressources avec d'autres membres de la communauté. La sensibilisation de la communauté aux défis auxquels sont confrontés les couples et les familles favorise la compréhension et l'empathie. Bien entendu ceci peut être mieux fait si ces groupes collaborent avec d'autres organisations communautaires question de mettre en place des programmes de soutien spécifiques aux couples et aux familles tels que des ateliers et des conférences sur des sujets relatifs aux relations conjugales de façon globale.

- Accès aux ressources juridiques et aux services sociaux

Dans le même ordre d'idées, la facilitation de l'accès aux ressources juridiques pour les couples en situation de crise, tels que des avocats spécialisés en droit de la famille est utile et crée un socle de stabilité dans la communauté. Les communautés ne sont réellement fortes que si les membres sont suffisamment éduqués. Pour ce faire, il faut informer les couples sur leurs droits et leurs obligations juridiques en matière de mariage, de divorce, de garde d'enfants, etc; collaborer avec des organismes gouvernementaux et des services sociaux pour aider les couples en situation de crise à obtenir l'aide dont ils ont besoin et proposer des services d'accompagnement pour aider les couples à naviguer dans les démarches administratives et à accéder aux services sociaux. Il est nécessaire de créer des partenariats avec des associations et des organismes locaux pour offrir un soutien complet aux couples concernés, en organisant des séances d'information et des ateliers sur les ressources juridiques et les services sociaux disponibles.

- **Création de réseaux de soutien**

Pour aller plus loin, la création de réseaux de soutien entre les couples et les familles favorise les échanges et l'entraide. Ceci facilite aussi les rencontres et les échanges entre les couples et les familles qui partagent des intérêts communs ou qui font face à des défis similaires. Dans ces réseaux de soutien, il s'agit de proposer des plateformes en ligne et des groupes de discussion pour permettre aux couples et aux familles de se connecter et de partager leurs expériences. Par ailleurs, l'organisation des événements et des activités qui sont de véritables plateformes de rencontres et d'échanges. Et pour élargir le cercle, il faut collaborer avec des associations et des organisations locales pour créer des réseaux de soutien durables et accessibles à tous.

- **Accompagnement et suivi**

En mettant sur place des programmes d'accompagnement pour les couples nouvellement mariés, la communauté offre ainsi un suivi régulier et des conseils aux couples dans la tourmente. Dans ces espaces de suivi il peut y avoir des services de coaching matrimonial pour aider les couples à renforcer leur relation. Ils peuvent aussi proposer des formations sur la gestion des finances familiales et la planification de l'avenir. Pour finir, il faut assurer un suivi post-divorce pour aider les victimes à faire face aux défis de la séparation, au moyen des ressources pour la reconstruction de soi et la guérison émotionnelle dont on a grandement besoin après un divorce.

Conclusion

La stabilité d'une famille camerounaise aux États-Unis repose sur sa capacité à faire la transition socio-culturelle dans sa nouvelle communauté américaine. Cette stabilité nécessite que le couple apprenne un nouveau mode de fonctionnement qui ne sera ni celui de la culture traditionnelle camerounaise, ni celui qu'il rencontre dans la société américaine. Il s'agit de trouver un juste milieu qui favorise son épanouissement. Bien entendu, ceci demande que le couple comprenne les codes de la société américaine, et qu'il s'appuie sur la communauté camerounaise locale. Cette communauté est ainsi appelée à jouer un rôle très important dans le soutien et l'entraide de ses membres. Pour être crédible, ce soutien doit être décomplexé et dépouillé de toutes formes de préjugés qui poussent très souvent les membres à l'isolement, la marginalisation et l'auto-exclusion sociale. Il s'agit ici d'éduquer et sensibiliser non seulement les couples, mais toute la communauté afin qu'elle soit en mesure d'embrasser son rôle d'encadrement et de promotion des valeurs saines. Au risque de répéter ce qui a déjà été dit, voici énumérés les rôles et responsabilités des membres de la communauté camerounaise dans le soutien des couples mariés.

Rôles et responsabilités des membres de la communauté camerounaise dans le soutien des couples mariés

Les membres de la communauté doivent soutenir les couples mariés en leur offrant un soutien émotionnel et pratique. Ils peuvent aider les couples à résoudre les conflits et à renforcer leur relation. La communauté peut organiser des activités et des événements pour favoriser la solidarité entre les couples mariés. Les membres de la communauté peuvent également offrir des conseils et des ressources aux couples. Il est primordial que la communauté encourage le respect mutuel et l'égalité au sein des couples.

- **Initiatives communautaires soutenant les couples mariés de la communauté camerounaise aux États-Unis**

Les initiatives communautaires pour soutenir les couples mariés de la communauté camerounaise existent bien aux États-Unis. Il faut réfléchir sur comment renforcer ces initiatives pour un meilleur soutien, sur les avantages d'un soutien communautaire pour les couples mariés, les défis auxquels sont confrontés ces couples, et les ressources disponibles pour les couples mariés de la communauté camerounaise aux États-Unis

- **Organisations communautaires**

Plusieurs organisations communautaires existent pour soutenir les couples camerounais aux États-Unis. Ces organisations offrent des ressources, des conseils et des activités pour renforcer les liens entre les couples mariés.

- **Programmes de mentorat**

Certains programmes de mentorat sont spécifiquement conçus pour soutenir les couples mariés de la communauté camerounaise aux États-Unis. Ces programmes offrent un soutien émotionnel, des conseils et des modèles pour les couples mariés. Ils peuvent aider à renforcer la communication, la résolution des conflits et la compréhension mutuelle au sein desdits couples.

- **Groupes de soutien**

Des groupes de soutien sont disponibles pour les couples mariés de la communauté camerounaise aux États-Unis. Ces groupes offrent un espace sûr pour partager des expériences, des défis et des conseils avec d'autres couples. Ils favorisent la solidarité et l'entraide.

Renforcement des initiatives communautaires

- ## Collaboration accrue

Les différentes initiatives communautaires peuvent renforcer leur impact en collaborant davantage. En travaillant ensemble, elles peuvent partager leurs ressources, leurs connaissances et leurs expériences pour mieux soutenir les conjoints. La collaboration peut également permettre de créer des programmes et des activités plus variés et adaptés aux besoins des couples.

- ## Sensibilisation accrue

Il est nécessaire de sensibiliser davantage la communauté camerounaise aux initiatives existantes qui soutiennent les couples mariés. Cela peut être fait par le biais de campagnes de sensibilisation, de médias sociaux et d'événements communautaires. Une sensibilisation accrue peut encourager plus de couples mariés à bénéficier de ces initiatives et à en tirer profit.

- ## Renforcement des ressources

Les initiatives communautaires peuvent être renforcées en fructifiant les ressources disponibles. Cela peut inclure des financements supplémentaires, des partenariats avec des organisations externes et des bénévoles supplémentaires. Des ressources accrues permettront aux initiatives de fournir un soutien plus complet et plus efficace aux couples mariés.

PARTIE II

L'après divorce et le child support

Chapitre 1

Les difficultés de l'après divorce

Le terme "child support" ôte le sommeil à la plupart des camerounais.e.s aux États-Unis après un divorce. Faut-il en rire ou en pleurer ? C'est une réalité que beaucoup ne découvrent qu'une fois le mariage terminé. Le choc peut être insupportable pour celui ou celle qui doit payer : santé mentale, problèmes financiers et perte de repères.

C'est quoi le child support ? Comment est-il calculé ? Y a t-il une vie après le divorce et le child support ? Faut-il fuir pour se réfugier en Afrique ? Qui a peur du child support ?

Après un divorce aux États-Unis, les parents peuvent avoir du mal à faire face au stress et aux obligations financières. La pension alimentaire pour enfants peut faire l'objet de conflits. Il convient de soutenir émotionnellement les enfants pendant cette période difficile.

Difficultés liées au stress post-divorce aux États-Unis d'Amérique

- ## Impact émotionnel du divorce

Le divorce cause des dommages à plusieurs niveaux et les personnes victimes peuvent avoir beaucoup de mal à se remettre de cette crise. Le principal dommage est émotionnel. Quand on passe par un divorce, on développe des sentiments de tristesse, de colère et de confusion. Quand il n'y a pas de suivi adéquat, ces sentiments poussent à l'anxiété et/ou la dépression. Ceci se traduit par une perte ou une réduction de la confiance en soi, des difficultés à gérer les émotions et même les relations interpersonnelles.

D'une part, les ramifications financières entraînent une diminution du niveau de vie, des difficultés à subvenir aux besoins financiers et dans beaucoup de cas pour les femmes, une dépendance au soutien financier de l'ex-conjoint. A tout cela il faut ajouter une multitude de problèmes liés aux pensions alimentaires pour enfants.

- ## Impact sur les enfants

L'impact sur les enfants n'est plus à démontrer. Ils sont les premières victimes de cette crise familiale. Des troubles émotionnels et comportementaux aux difficultés scolaires et autres décrochages, les enfants développent très souvent des sentiments de culpabilité et de confusion.

- ## Problèmes juridiques

Quand les parents camerounais se séparent aux Etats-Unis, cela peut les rendre très stressés, beaucoup plus à cause des problèmes dans leurs têtes et dans la relation avec leurs enfants. La garde des enfants est une grande cause de litiges qui peuvent aller jusqu'à des batailles judiciaires pour la pension alimentaire, encore appelée child support dans en anglais et dans le jargon camerounais aux Etats-Unis. Étant donnée la complexité du système juridique, des procédures judiciaires et des coûts élevés des avocats, les conséquences du divorce sont innombrables, d'où l'importance de soutenir les parents africains dans leur ajustement post-divorce. Les parents camerounais ont besoin de soutien dans cette transition. Le soutien pendant cette période peut aider les parents à faire face aux défis émotionnels et à prévenir les problèmes de santé mentale chez les parents et les enfants. Le bien-être des parents a un impact direct sur le bien-être des enfants.

Types de soutien nécessaires pour les parents africains dans leur ajustement post-divorce

Les parents qui sortent d'un divorce se sentent désorientés. Pour certains, ils perdent leur raison d'exister ou de continuer à se battre. Ils ont besoin d'un espace sûr pour exprimer leurs émotions et leurs préoccupations. La société américaine en particulier à des exigences de fonctionnement qui n'attendent pas comme le loyer et d'autres charges fixes. Rien ne s'arrête, même pas pour un temps de récupération. Donc en même temps qu'on y navigue, on souffre en silence, loin de toute compassion. On se sent émotionnellement vidé, irritable et déboussolé. On a besoin de soutien émotionnel.

Quand il y a des enfants, il faut en même temps garder la face, être émotionnellement fort pour continuer à leur donner l'encadrement nécessaire. Et pourtant il est dit qu'on ne transfère du liquide ou de l'énergie que d'un vase plein. Mais dans ce cas, il faut tourner en plein régime à sec. Les parents fraîchement divorcés ont besoin d'aide pour gérer les tâches quotidiennes et les responsabilités parentales. Dans la société traditionnelle camerounaise, le divorce était considéré comme une fatalité au même titre que le décès d'un être cher. La personne divorcée se voyait ainsi entourée des membres de sa famille et de sa communauté jusqu'à ce qu'elle trouve des ressources intérieures suffisantes pour se remettre. Ceci n'est pas le cas dans la société américaine capitaliste et individualiste.

Les parents peuvent avoir besoin d'informations et de conseils juridiques pour naviguer dans le processus de divorce. Plus important encore, ils ont besoin du soutien de leur communauté et de ressources locales. Ils ont besoin d'assistance financière pour retrouver un niveau d'équilibre raisonnable. Pour des familles qui prenaient appui sur des sources de revenus combinées pour joindre les deux bouts, il devient difficile voire impossible de le faire. En plus des dépenses quotidiennes, il faut faire face aux défis liés au divorce tels que les procédures judiciaires. Beaucoup de victimes de divorce finissent fortement endettées et prennent parfois beaucoup d'années pour se remettre du malaise, quand elles y parviennent. D'autres abandonnent tout simplement et se retrouvent dans la rue ou dans un asile psychiatrique.

- **Comment gérer le stress post-divorce. Reconnaître et accepter ses émotions**

Reconnaître et accepter les émotions qui accompagnent le divorce est déterminant. Il est légitime de se permettre de pleurer, d'être en colère ou de ressentir de la tristesse. Ce qu'il ne faut pas c'est refouler ses émotions et faire semblant d'aller bien. Au contraire, il faut trouver des moyens de faire face à ceux-ci, comme parler à un ami ou pratiquer des activités relaxantes.

C'est le moment de faire une introspection, évaluer ses besoins émotionnels et prendre le temps de prendre soin de soi-même physiquement, émotionnellement et mentalement. Par exemple, faire de l'exercice physique régulièrement, manger sainement et dormir suffisamment contribuent à rétablir un certain équilibre. Des techniques de relaxation comme la méditation ou le yoga peuvent être considérées.

Sur le plan social, il est important de s'entourer de personnes positives et bienveillantes qui peuvent vous soutenir pendant cette période trouble. Éviter de s'isoler et chercher des groupes de soutien ou des thérapeutes spécialistes des problèmes liés au divorce. En partageant ses expériences et ses émotions avec d'autres personnes qui ont vécu un divorce, l'on se sent mieux et c'est une forme de thérapie. Dans tous les cas, il ne faut pas hésiter à demander de l'aide et du soutien.

- **Établir de nouvelles routines**

Tout doit commencer par la création de nouvelles routines et habitudes qui aident à se sentir plus stable et en contrôle. Un exemple consiste à adopter des horaires réguliers pour les repas, le sommeil et les activités quotidiennes. Il est important de se fixer des objectifs réalistes et prendre des mesures pour les atteindre. Cela peut aider à retrouver un sentiment de normalité et de stabilité dans la vie.

- ### Rechercher/Solliciter de l'aide professionnelle

Si on a du mal à faire face au stress post-divorce, il ne faut pas hésiter à consulter un professionnel de la santé mentale. Un thérapeute ou un conseiller peut aider à développer des stratégies de gestion du stress et à surmonter les difficultés émotionnelles. Leur rôle dans ces moments difficiles est également de fournir un soutien et des conseils adaptés.

- ### Le divorce et le stress pour les parents africains

Très peu de parents camerounais aux États-Unis sont réellement préparés au divorce. Ceci s'explique par les différences culturelles qui existent entre le Cameroun et les Etats-Unis dans la vie familiale. Le divorce aux Etats-Unis n'est pas une fatalité. Dans bien de cas, ce sont deux personnes adultes qui arrivent au consentement qu'ils ne s'entendent plus et qu'il est temps de se donner de nouvelles chances avec un ou une nouvelle partenaire. La plupart des divorces ici se font sur le motif de différences irréconciliables. Même s'il est vrai que dans bien de cas des avocats y sont impliqués, ce sont des pratiques liées à la culture américaine qui n'ont pas forcément quelque chose à voir avec l'état d'esprit des personnes impliquées. Pour les Camerounais vivant aux États-Unis, c'est tout une autre réalité. Ils ont du mal à accepter cette situation et donc la vivent plus difficilement. C'est donc une source de stress important pour les parents camerounais du fait de ces dichotomies culturelles. Ils ont besoin de soutien émotionnel qui prenne en compte leurs perspectives culturelles et le déni dans lequel ils peuvent s'installer.

Le Child Support

Le child support est un devoir de soutien aux enfants de la part des parents qui ont la responsabilité de continuer à s'occuper de leurs enfants. Cela signifie qu'ils doivent subvenir aux différents besoins des enfants. Le child support est donc un système légal qui intervient après une séparation ou un divorce. Il est généralement versé par un des parents au parent qui obtient la garde quotidienne des enfants.

Lorsque les parents se séparent ou divorcent, il revient au tribunal de déterminer combien un parent doit verser à l'autre parent en guise de child support. Pour ceux des parents qui arrivent à s'entendre, le tribunal peut valider leurs décisions s'il trouve celles-ci raisonnables et bénéfiques pour les enfants. Comme il se dit souvent ici, les enfants sont d'abord la propriété de l'Etat qui a le devoir de les protéger par-dessus tout. Le rôle de l'Etat n'est pas celui de punir un parent, mais de s'assurer de l'entière protection de l'enfant et du parent moins nanti.

- **Devoir Parental et Civique**

Le child support est considéré aussi comme un devoir parental et civique car il vise à garantir le bien-être de l'enfant. Il est fondé sur le principe que les parents ont la responsabilité de subvenir aux besoins de leurs enfants, même en cas de séparation ou de divorce. Il contribue également à alléger le fardeau financier du parent devant assumer la responsabilité principale de l'éducation de l'enfant désormais. En se soumettant aux exigences du child support, les parents démontrent leur engagement envers leurs enfants et la société dans son ensemble.

Il est important que le parent s'acquitte de son devoir de payer le child support pour plusieurs raisons. Le faire c'est surtout assurer le bien-être de l'enfant en lui fournissant les ressources financières nécessaires pour sa santé, son éducation et son développement global.

Entre autres, il s'agit de respecter les obligations légales et les décisions des tribunaux en matière de soutien financier à l'enfant. Le child support contribue à éviter que la progéniture se voit subitement sevrée de cet équilibre qui en fait est un droit imprescriptible. Il favorise par ailleurs la coopération et la communication entre les parents dans l'intérêt supérieur de l'enfant.

Dans certains cas, il prévient les conflits et les litiges juridiques liés au soutien financier à l'enfant si les parents peuvent s'entendre. Le soutien financier aux enfants est essentiel pour les familles monoparentales après un divorce. Enfin, il favorise la stabilité financière des familles monoparentales. Les parents camerounais doivent comprendre que ce n'est pas une faveur à l'autre parent que de s'acquitter de ce devoir.

- **Les avantages financiers du child support**

Lorsqu'un divorce a lieu, il fragilise le pouvoir financier de la famille de part et d'autre. Les deux parents doivent prendre du temps pour se refaire et rétablir un certain niveau d'équilibre dans leurs finances. Le tribunal qui rend la décision a pour rôle de s'assurer que chacun des deux parents a un minimum vital pour continuer à prendre soin des enfants. Très souvent, ils prennent au parent mieux nanti pour reverser au moins nanti afin de créer une sorte d'équité. Comme mentionné plus haut, il existe certes des pratiques culturelles propres à la société américaine qui donnent l'impression qu'un parent extorque l'autre parent sous le contrôle du tribunal et la pression des avocats. Mais dans le principe, le child support est censé permettre de subvenir aux besoins de l'enfant. Ainsi le parent ayant la garde de l'enfant peut mieux concilier travail et responsabilités parentales.

Dans la pratique, beaucoup de parents ont du mal à s'acquitter de ce devoir après le divorce, pour plusieurs raisons. La première c'est l'érosion de leurs revenus et partant de leur pourvoir financiers. Ensuite il faut compter que les parents perdent beaucoup de jours de travail pour s'occuper de la procédure de divorce, en plus de tous les frais que cela implique, y compris ceux des avocats qui sont parfois très élevés. C'est toujours dans l'intérêt des deux parents de trouver un terrain d'entente au lieu de laisser aux avocats et au tribunal de décider pour eux. Ceci réduit considérablement ces dépenses liées à la procédure de divorce.

- **Les politiques et les lois entourant le child support**

Il existe différentes politiques gouvernementales visant à garantir le paiement du child support. L'État fédéral et les États ont mis en place des lois en vigueur concernant le calcul et la modification du montant du child support. Certes, il y a également des recours juridiques disponibles en cas de non-paiement du child support.

Quand un parent ne paie pas la pension alimentaire aux États-Unis, il peut être poursuivi en justice et s'exposer à de graves conséquences. Cela peut aller des amendes à une peine de prison ou même la saisie des biens. Les tribunaux peuvent également prendre des mesures pour récupérer l'argent, comme retenir le salaire. Dans ce dernier cas, le child support est prélevé directement sur le salaire et reversé à l'autre parent. Pour ceux des parents qui ne s'acquittent pas de ce devoir, ils peuvent même perdre certains droits vis-à-vis de leurs enfants.

Méthodes de calcul du montant du child support aux États-Unis

Le montant du child support est calculé suivant différentes méthodes aux États-Unis. La méthode la plus courante est basée sur le revenu des parents et le nombre d'enfants. Certains États utilisent également d'autres facteurs, comme les dépenses spécifiques liées aux enfants. Chaque État a ses propres règles en la matière.

- Méthode des pourcentages de revenu

Le montant du child support est calculé en fonction d'un pourcentage du revenu du parent débiteur. Ce pourcentage varie en fonction du nombre d'enfants à charge.

Par exemple, dans certains États, le pourcentage peut être de 20% pour un enfant, 25% pour deux enfants, etc.

- Méthode des lignes directrices

Cette méthode utilise des tables de lignes directrices qui prennent en compte le revenu des deux parents, le nombre d'enfants à charge et d'autres facteurs.

Les tables de lignes directrices fournissent un montant de child support recommandé en fonction de ces facteurs. Cependant, les tribunaux ont généralement le pouvoir de déroger à ces montants recommandés en fonction des circonstances spécifiques dans chaque cas.

- Méthode des dépenses réelles

Cette méthode prend en compte les dépenses réelles liées à l'éducation, à la santé et au bien-être des enfants. Les parents doivent fournir des preuves documentées de leurs dépenses pour justifier le montant du child support demandé. Les tribunaux examinent ces preuves et décident du montant approprié en fonction des dépenses réelles.

- **Méthode hybride**

Certains États utilisent une combinaison de différentes méthodes pour calculer le montant du child support. Par exemple, ils peuvent utiliser la méthode des pourcentages de revenu pour déterminer une partie du montant, puis utiliser la méthode des dépenses réelles pour ajuster ce montant en fonction des dépenses spécifiques des enfants.

Conséquences légales pour un parent qui ne paie pas le child support aux États-Unis

Le child support est une obligation légale pour les parents aux États-Unis et son non-paiement peut entraîner de graves conséquences légales.

- Procédures judiciaires

Le parent bénéficiaire peut engager des procédures pour récupérer les montants impayés de child support. Cela peut inclure des poursuites en justice et des ordonnances de saisie des biens. Le parent insolvable peut se voir imputer des frais de justice engagés par l'autre parent.

- Retenue sur salaire

Les tribunaux peuvent ordonner une retenue sur salaire pour prélever automatiquement les paiements de child support. Cela signifie que l'employeur du parent insolvable retient à la base une partie de son salaire pour les paiements de child support. La retenue sur salaire est souvent utilisée pour garantir le paiement régulier.

- Suspension de permis de conduire

Dans certains États, le non-paiement du child support peut entraîner la suspension du permis de conduire. Cette mesure vise à inciter le parent à respecter ses obligations financières envers son enfant.

- Pénalités financières

Le parent défaillant peut être condamné à payer des pénalités financières pour le non-paiement du child support. Ces pénalités peuvent s'accumuler avec le temps et s'ajouter au montant impayé.

- **Emprisonnement**

En dernier recours, le parent défaillant peut être condamné à une peine d'emprisonnement pour non-paiement du child support. Cependant, l'emprisonnement est généralement considéré comme une mesure extrême et est rarement utilisé.

Le child support est de l'argent que les parents doivent verser pour aider à élever leurs enfants. Il peut être collecté en prenant de l'argent directement sur le salaire des parents ou en saisissant leur compte bancaire. Parfois, les autorités peuvent saisir des biens pour obtenir l'argent. Les parents doivent travailler ensemble pour faciliter la collecte du child support. Les méthodes de collecte peuvent être différentes selon les pays.

Méthodes de collecte du child support

- **Collecte directe**

Le parent bénéficiaire peut collecter le child support directement auprès de l'autre parent. Cela peut se faire par le biais d'un accord informel ou d'une ordonnance. Le parent bénéficiaire peut demander le paiement direct ou le prélèvement automatique sur le salaire de l'autre parent. Si le parent débiteur ne respecte pas ses obligations de paiement, des mesures d'exécution peuvent être prises, telles que la saisie des biens ou le gel des comptes bancaires.

- **Collecte par le biais des services de recouvrement des pensions alimentaires**

Certains pays disposent de services gouvernementaux chargés de collecter les pensions alimentaires impayées. Ces services peuvent utiliser différentes méthodes pour récupérer les paiements, notamment la saisie des salaires, des prestations sociales ou des remboursements d'impôts. Ils peuvent également prendre des mesures légales pour obliger le parent débiteur à payer, à l'instar de la suspension de son permis de conduire ou la saisie de ses biens. Ces services peuvent également aider les parents bénéficiaires à établir ou à modifier une ordonnance de pension alimentaire.

- **Collecte par le biais des agences de recouvrement privées**

Certains parents bénéficiaires choisissent de recourir à des agences de recouvrement privées pour collecter les pensions alimentaires impayées. Ces agences travaillent en échange d'une commission sur les paiements récupérés. Elles peuvent utiliser des méthodes similaires aux services gouvernementaux pour récupérer les paiements, mais elles ne disposent cependant pas des mêmes pouvoirs légaux.

- **Collecte par le biais de la coopération internationale**

Dans les cas où le parent débiteur réside dans un autre pays, la collecte du child support peut être effectuée par l'entremise de la coopération internationale. Les pays peuvent avoir des accords bilatéraux ou multilatéraux pour faciliter le recouvrement des pensions alimentaires transfrontalières. Ces accords permettent aux autorités compétentes des deux pays de coopérer pour garantir le paiement.

Critiques du système de child support aux Etats-Unis

Peut-être convient-il de souligner que le système de child support aux États-Unis n'est pas toujours perçu d'un bon œil. Il lui est généralement reproché sa rigidité, et les montants peuvent parfois sembler injustes. Certains arguent qu'il faudrait évaluer les revenus et les dépenses des parents de manière plus équitable, organiser une médiation avant les procédures judiciaires et mieux superviser l'argent de la pension alimentaire souvent utilisée indûment.

- **Manque de flexibilité**

Le système de child support aux Etats-Unis est critiqué pour son manque de flexibilité.

Dans certains cas, les montants imposés par la loi ne correspondent pas aux besoins réels des enfants ou de la famille. Cela peut entraîner des difficultés financières pour les parents qui doivent payer le child support ou pour ceux qui le reçoivent. Une amélioration possible serait d'établir des lignes directrices plus flexibles qui tiennent compte des circonstances individuelles de chaque famille.

- **Complexité administrative**

Le système de child support aux Etats-Unis est souvent considéré comme complexe et difficile à naviguer. Certains parents ont du mal à comprendre les procédures et les formulaires nécessaires pour établir ou modifier les paiements de child support; d'où des retards et des erreurs dans le traitement des demandes.

Une amélioration possible serait de simplifier les procédures administratives et de fournir une assistance claire et accessible aux parents.

- **Manque de transparence**

Certains critiques affirment que le système de child support manque de transparence.

Nombreux sont ces parents qui ne comprennent pas comment les montants de child support sont calculés ou comment les décisions sont prises. Par conséquent, il existe parfois ce sentiment, justifié ou non, d'injustice et de méfiance envers le système. Rendre le processus de calcul du child support plus transparent et fournir des explications claires aux parents seraient bénéfiques.

- **Problèmes d'exécution**

Le système de child support aux États-Unis est confronté à des problèmes d'exécution.

Certains parents ne respectant pas les ordonnances de child support échappent parfois aux conséquences légales, avec pour conséquence directe les difficultés financières pour l'autre parent et pour les enfants. Ces mécanismes d'exécution gagneraient à être renforcés avec à la clé des représailles en cas de défaillance avérée.

Améliorations possibles du système de child support

- ## Flexibilité des montants

Une amélioration possible serait d'établir des lignes directrices plus flexibles pour les montants de child support. Cela permettrait de mieux tenir compte des besoins réels de l'enfant et de la situation financière des parents. Par exemple, les montants pourraient être ajustés en fonction du revenu disponible des parents ou des dépenses spécifiques liées à l'enfant.

- ## Simplification administrative

Une amélioration possible serait de simplifier les procédures administratives liées au child support. Cela faciliterait la compréhension et la navigation pour les parents.

Par exemple, les formulaires pourraient être simplifiés et les informations nécessaires pourraient être clairement indiquées. De plus, des ressources d'assistance pourraient être mises en place pour aider les parents à remplir les documents et à comprendre les étapes à suivre.

- ## Transparence du processus

Une amélioration possible serait de rendre le processus de calcul du child support plus clair. Cela permettrait aux parents de comprendre comment les montants sont déterminés et de vérifier leur exactitude. Par exemple, les formules de calcul pourraient être rendues publiques et des explications détaillées pourraient être fournies aux parents. De plus, des mécanismes de révision et d'appel pourraient être mis en place pour garantir une prise de décision équitable.

- **Renforcement de l'exécution**

Une amélioration possible serait de renforcer les mécanismes d'exécution des ordonnances de child support. Cela amènerait les parents défaillants à respecter leurs obligations financières envers leurs enfants. Par exemple, des sanctions plus sévères pourraient être mises en place, telles que des amendes plus élevées ou des peines de prison pour les parents récalcitrants. De plus, des ressources supplémentaires pourraient être allouées aux agences chargées de l'exécution en vue d'améliorer leur efficacité.

Avantages et inconvénients du child support pour les parents

Certains parents africains pensent que le child support profite principalement à la mère de l'enfant en raison de la perception de déséquilibre dans les décisions judiciaires.

- **Avantages du child support**

On ne le dira jamais assez mais le child support permet d'assurer le bien-être des enfants, ces derniers étant, sans ambages, les plus touchés en cas de séparation ou de divorce. C'est donc en toute logique qu'il doit être pourvu pour leurs besoins fondamentaux. C'est l'unique moyen de garantir à ces enfants, qui n'ont pas choisi cette situation, un niveau de vie équitable, en particulier si les parents ont des revenus inégaux.

- **Inconvénients du child support**

Certains parents peuvent considérer le child support comme une charge financière lourde, une sorte de goulot d'étranglement, surtout s'ils doivent déjà composer avec une situation financière peu reluisante. Il est commun de voir naître des conflits et des tensions entre les parents concernant le montant de la pension alimentaire et son utilisation. D'autres parents peuvent se sentir contrôlés ou surveillés par le système de child support parfois perçu comme une intrusion dans la vie privée. Il peut y avoir des retards ou des problèmes administratifs dans le versement de la pension alimentaire que l'on se doit de justifier. Certains parents peuvent estimer que le montant qu'ils perçoivent n'est pas en adéquation avec les besoins réels et leurs dépenses spécifiques.

Perception des parents africains sur le child support

Pourquoi les parents africains pensent-ils que le child support profite à la mère de l'enfant ?

Dans certaines cultures africaines, les rôles traditionnels de genre peuvent influencer la perception du child support. Les parents africains tendent à considérer que le child support profite principalement à la mère de l'enfant en raison de la responsabilité sociale et culturelle qui lui est attribuée. La mère est souvent considérée comme la principale pourvoyeuse de soins et de soutien à l'enfant, ce qui peut conduire à la perception que le child support lui est destiné. D'autres peuvent également penser que le child support est utilisé par la mère pour ses propres besoins plutôt que pour ceux des enfants.

Il peut y avoir des stéréotypes de genre qui influencent la perception du child support, avec l'idée que les femmes sont plus aptes à s'occuper des enfants et donc devraient naturellement en bénéficier.

Chapitre 2

Perception des parents africains sur le child support

Défis liés à la réception du child support

- ### Difficultés financières

Dans beaucoup de cas, le child support ne peut pas être suffisant pour couvrir tous les besoins de l'enfant. Les paiements peuvent être irréguliers ou en retard rendent difficile la planification financière pour l'autre parent. C'est vrai que certains parents sont parfois accusés de gérer l'argent reçu du child support de manière irresponsable.

- ### Pression financière

Le child support peut entraîner une pression financière importante sur les parents qui doivent le payer. Cela peut rendre difficile la réalisation du rêve américain, qui est souvent associé à la réussite financière et à l'indépendance. Les paiements de child support peuvent réduire considérablement le revenu disponible pour d'autres dépenses, tels que le logement, l'éducation ou l'entrepreneuriat. Certains parents peuvent se sentir piégés dans une situation financière difficile et être contraints de renoncer à leurs aspirations aux États-Unis.

- ### Problèmes de communication

Le child support peut entraîner des problèmes de communication entre les parents.

Certains parents peuvent éviter de discuter du child support ou de tout autre sujet lié aux finances. On assiste alors à une détérioration de la communication et des tensions dans la relation entre les parents. Une mauvaise communication peut également rendre difficile la résolution des problèmes liés à l'éducation et la prise en charge des enfants.

Il peut arriver que certains parents se refusent à payer le child support, non pas du fait de leur incapacité, mais simplement en raison des difficultés à communiquer et à se mettre d'accord sur les dépenses liées à l'enfant. Certains parents peuvent, du fait de cette impossibilité de communiquer, ne pas être informés des changements de la situation financière de l'autre parent. Dans ces cas, les paiements de child support en pâtissent. Il est donc judicieux que les parents maintiennent un niveau de communication raisonnable aux fins de mieux coordonner les dépenses pour les enfants.

- Changements de situation

Certains parents peuvent perdre leur emploi ou connaître des difficultés financières, ce qui peut entraîner une diminution des paiements de child support. Les parents peuvent également faire face à des changements dans la garde de l'enfant, ce qui peut avoir un impact sur les paiements de child support. Toujours est-il que les changements de la situation financière ou personnelle peuvent affecter la capacité d'un parent à s'acquitter du child support.

- Sentiments d'injustice

Certains parents peuvent refuser de payer le child support en raison d'un sentiment d'injustice. Ils peuvent estimer que le montant du child support est trop élevé ou qu'il ne correspond pas à leurs revenus réels. Cela peut entraîner des conflits et des litiges juridiques entre les parents et même avec les instances décisionnaires.

Défis liés au paiement du child support

- Difficultés financières

Certains parents peuvent avoir du mal à payer le montant total du child support en raison de difficultés financières liées à leur nouvelle situation qui peuvent rendre les paiements irréguliers ou les retarder. Certains parents peuvent avoir déjà du mal à se prendre en charge, donc incapables d'assumer les paiements de child support.

- Problèmes financiers

Certains parents peuvent refuser de payer le child support en raison de la précarité de leur situation financière. Ils peuvent avoir des difficultés à subvenir à leurs propres besoins et estimer qu'ils ne peuvent pas se permettre de payer le child support. Cela peut être dû à une perte d'emploi, à des dettes importantes ou à d'autres problèmes financiers. Il n'est pas exclu non plus que les parents éprouvent des difficultés à prouver leurs revenus réels, donnant lieu à des désaccords sur le montant du child support.

- Problèmes de relation

Certains parents peuvent refuser de payer le child support en raison des troubles avec l'autre parent. Ils peuvent avoir des conflits non résolus ou des problèmes de communication qui rendent difficile la coopération sur les questions financières. Il n'est pas rare de voir des parents refuser de payer le child support par vengeance ou pour punir l'autre parent.

Dans de rares cas, certains parents remettent en question la paternité de l'enfant, ce qui peut entraîner des litiges juridiques et des retards dans le paiement du child support.

Implications émotionnelles du child support pour les parents

- **Stress financier**

Le child support peut entraîner un stress financier important pour les parents qui doivent payer. Cela peut entraîner des difficultés à subvenir à leurs propres besoins et à ceux de leur famille. Certains parents peuvent ressentir de la frustration et de la colère envers le système de child support et envers l'autre parent. Le stress financier peut également avoir un impact sur la santé mentale des parents, entraînant des problèmes tels que l'anxiété et la dépression.

- **Impact sur la relation parent-enfant**

Le child support peut avoir un impact sur la relation entre le parent qui paie et l'enfant.

Certains parents peuvent se sentir moins impliqués dans la vie de leur enfant en raison du fardeau financier. Cela peut entraîner des sentiments de culpabilité et de tristesse.

D'autre part, le parent qui reçoit le child support peut également ressentir des tensions dans la relation avec l'autre parent en raison des problèmes financiers.

Fuir le child support aux Etats-Unis et se réfugier en Afrique?

Certains parents africains abandonnent leur rêve de vivre aux États-Unis à cause de cette obligation financière. Cette tentative ou mauvaise pratique est très préjudiciable. Même s'il est possible de fuir le child support aux Etats-Unis et se réfugier en Afrique après un divorce, cela est illégal et peut entraîner des conséquences juridiques sévères. Les États-Unis ont des accords internationaux avec de nombreux pays, y compris des pays africains, pour l'exécution des ordonnances du child support. Les parents qui s'hasardent à fuir le child support encourent des poursuites en justice et s'exposent à des représailles financières, telles que la saisie de leurs biens ou de leurs revenus. Il est important de respecter les obligations financières envers les enfants, peu importe où l'on se trouve dans le monde.

- **Abandon du rêve américain à cause du child support**

C'est une mauvaise décision que d'abandonner son rêve américain à cause du child support. S'il est vrai que le paiement du child support peut entraîner une pression financière importante, il faut reconnaître qu'il y a une vie après, si l'on accepte la situation et l'affronte avec optimisme. Certains parents africains préfèrent retourner dans leur pays d'origine pour échapper à cette pression financière et reconstruire leur vie. Dans ces cas, malheureusement, le child support met fin au rêve américain et le transforme en cauchemar financier pour certains parents.

- **Conséquences juridiques**

Le non-paiement du child support peut avoir des conséquences juridiques graves. Les tribunaux américains peuvent prendre des mesures pour forcer le parent débiteur à payer, telles que la saisie de biens ou de revenus. Ces mesures peuvent avoir un impact sur la vie quotidienne du parent débiteur et rendre difficile la réalisation du rêve américain. De plus, les parents débiteurs qui tentent de fuir le child support sont susceptibles d'être poursuivis en justice et faire face à des sanctions financières encore plus sévères. Il est donc important de respecter les obligations de child support pour éviter ces conséquences juridiques.

Alternatives pour les parents africains qui ne peuvent pas payer le child support aux États-Unis

Pour ceux des parents africains qui ne peuvent pas payer la pension alimentaire aux États-Unis, il est tout à fait possible de négocier un accord de paiement, demander une modification auprès du tribunal ou solliciter de l'aide auprès d'organisations caritatives. Une autre option serait de chercher des emplois mieux rémunérés ou demander l'aide du gouvernement pour subvenir aux besoins de leur progéniture.

- **Négocier un accord de paiement**

Les parents africains qui ne peuvent pas payer le child support aux États-Unis ont le droit de négocier un accord de paiement avec l'autre parent ou avec les autorités compétentes. Cela peut impliquer de discuter des difficultés financières et de proposer un plan de paiement échelonné ou des arrangements alternatifs. Il est important d'être transparent et de fournir des preuves de la situation financière pour soutenir la demande de négociation. Cependant, il est essentiel de respecter les lois et la réglementation en vigueur dans son lieu de résidence.

- **Demander une modification de l'ordre de child support**

Si les parents africains sont confrontés à des difficultés financières, ils peuvent demander une modification de l'ordre de child support. Cela peut être fait en soumettant une demande officielle aux tribunaux compétents, en fournissant des preuves de la situation financière et en expliquant les raisons pour lesquelles le paiement du child support est impossible. Les tribunaux peuvent examiner la demande et décider de modifier l'ordre de child support en fonction des circonstances. Il est important de suivre les procédures légales et de fournir des preuves solides pour soutenir la demande de modification.

- Rechercher des ressources d'aide financière

Les parents africains qui ne peuvent pas payer le child support aux États-Unis peuvent rechercher des ressources d'aide financière pour les soutenir dans cette situation difficile. Il existe des organisations et des programmes gouvernementaux qui offrent une assistance financière aux parents en difficulté. Ces ressources peuvent inclure des subventions, des prêts à faible taux d'intérêt ou des programmes d'aide sociale.

Il est important de faire des recherches approfondies et de contacter les organismes appropriés pour obtenir des informations sur les options disponibles.

- Consulter un avocat spécialisé en droit de la famille

Si les parents africains sont confrontés à des difficultés pour payer le child support aux États-Unis, il peut être bénéfique de consulter un avocat spécialisé en droit de la famille.

Un avocat peut fournir des conseils juridiques et aider à naviguer dans le système juridique pour trouver des solutions adaptées à la situation. Ils peuvent également aider à communiquer avec l'autre parent ou les autorités compétentes pour trouver des arrangements alternatifs.

Il est important de choisir un avocat expérimenté et compétent dans le domaine du droit de la famille pour obtenir les meilleurs résultats. Le child support est un système aux États-Unis qui oblige les parents à payer de l'argent pour soutenir leurs enfants. Cela peut rendre la vie difficile pour les parents africains car ils peuvent avoir à payer beaucoup d'argent. Il est donc important de trouver des solutions pour les aider.

Chapitre 3

Le child support aux États-Unis

Le système de child support aux États-Unis

- **Impact sur les parents africains**

Le système de child support peut avoir un impact significatif sur la vie des parents africains aux États-Unis. Nombre d'entre eux se retrouvent confrontés à des difficultés financières en raison des obligations de paiement de la pension alimentaire pour enfants. L'on assiste parfois à une incapacité à subvenir à leurs propres besoins et à ceux de leur famille élargie, bien entendu. Certains parents africains peuvent également ressentir une pression sociale et culturelle pour respecter leurs obligations financières envers leurs enfants, ce qui peut entraîner un stress et une tension supplémentaires. De plus, le système de child support peut également avoir un impact sur les relations familiales et la dynamique entre les parents et les enfants. Quelques parents africains peuvent ressentir une distance émotionnelle ou une rupture de la relation avec leurs enfants en raison des conflits liés à la pension alimentaire pour enfants.

La vie après le child support pour le parent africain

- Changements financiers

Une fois que les obligations de paiement de la pension alimentaire pour enfants sont terminées, certains parents africains peuvent connaître un soulagement financier. Ils peuvent avoir plus de liberté pour gérer leurs finances et répondre à leurs propres besoins. Dans certains cas, les parents peuvent à nouveau se permettre de soutenir leur famille élargie en Afrique de manière plus significative. Cependant, il est important de noter que chaque situation est unique et qu'il y va des dispositions prises par chacun.

- Rétablissement des relations familiales

Au terme des paiements de la pension alimentaire pour enfants, certains parents africains peuvent chercher à rétablir et à renforcer leurs relations avec leurs enfants.

Ils peuvent travailler à reconstruire la confiance et à rétablir une communication ouverte avec leurs enfants. Cela peut nécessiter du temps, de la patience et des efforts des deux côtés, mais il est possible de rétablir des relations positives et saines, et c'est souvent le cas.

- Nouvelles opportunités

La fin des paiements de la pension alimentaire pour enfants peut également ouvrir de nouvelles opportunités pour les parents africains. Ils peuvent se concentrer davantage sur leur propre développement personnel, leur carrière ou leurs objectifs. Cela peut inclure la poursuite de nouvelles formations, la recherche de promotions professionnelles ou l'exploration de nouvelles passions et intérêts.

Importance de la planification familiale pour éviter les pensions alimentaires insupportables aux États-Unis

Une bonne planification familiale aide les couples à éviter les problèmes financiers causés que peuvent causer les pensions alimentaires. En Afrique, le phénomène des pensions alimentaires affecte la façon dont les valeurs familiales sont perçues. Bien planifier permet aux couples de contrôler leur avenir et d'éviter les tensions familiales.

Pourquoi la perception des valeurs familiales des Africains est affectée par le phénomène de pension alimentaire?

Aux États-Unis, la tendance est de pousser les enfants vers l'indépendance. Le soutien aux enfants est souvent basé sur des ressources financières et matérielles. Il est normal et même attendu par les parents que les enfants quittent le foyer familial une fois adultes.

La réalité est tout autre en Afrique où la famille est considérée comme une unité solidaire où le soutien aux enfants est primordial. Ceux-ci sont encouragés à rester proches de leur famille et à contribuer au bien-être de la communauté. Le soutien qu'ils reçoivent est souvent basé sur des liens émotionnels et sociaux ce qui fait que les parents laissent les enfants rester avec la famille même après avoir atteint l'âge adulte.

C'est clair que les différences culturelles et économiques influencent la façon dont les valeurs familiales sont perçues et comment les enfants sont soutenus.

Conclusion

Après un divorce, il faut, dans la plupart des cas, payer une pension pour la prise en charge des enfants; ce qui vient souvent avec son lot d'anxiété. Mais il existe bien des façons d'éviter tout ce stress, ou du moins le réduire. On peut par exemple dialoguer avec l'autre parent et trouver un accord juste. En cas de changement éventuel, évolution de la situation, il est possible d'obtenir auprès d'un juge de revoir le montant de la pension. Alors, peut-être vaut-il le coup de communiquer?

Le paiement de la pension alimentaire pour enfants est une disposition légale à laquelle les parents divorcés ou séparés aux États-Unis ne peuvent se soustraire vu que le bien-être des enfants en dépend. Néanmoins, certaines personnes peuvent ressentir de l'anxiété ou de la peur liée au paiement de la pension alimentaire, comme indiqué plus haut.

Les lois sur la pension alimentaire pour enfants varient d'un État à l'autre aux États-Unis et chaque État a ses propres directives et formules pour calculer le montant de la pension. Les tribunaux prennent en compte divers facteurs tels que les revenus des parents, les dépenses des enfants et les arrangements de garde. Il est important de comprendre les lois spécifiques de l'État dans lequel vous résidez.

Le non-paiement de la pension alimentaire pour enfants peut avoir de graves conséquences légales. Les contrevenants peuvent faire face à des sanctions telles que des amendes, des saisies de salaire ou pire une peine de prison. Est-il encore nécessaire de préciser l'importance de se plier à ces ordonnances ?

Les options ci-dessous peuvent aider à éviter l'anxiété liée au paiement de la pension alimentaire pour enfants.

Communiquer avec l'autre parent : Il est important de maintenir une communication ouverte et honnête avec l'autre parent pour résoudre les éventuels problèmes liés à la pension alimentaire.

Obtenir une modification de la pension : Si votre situation financière a changé, vous pouvez solliciter une modification du montant à verser en rapport avec votre nouvelle réalité.

Obtenir de l'aide juridique : Si vous rencontrez des difficultés pour payer la pension alimentaire, il peut être utile de consulter un avocat spécialisé dans le droit de la famille. Rechercher des ressources d'aide financière : Il existe des organisations et des programmes gouvernementaux pouvant fournir une aide financière temporaire en cas de difficultés à payer la pension alimentaire.

Toutes ces options et d'autres ressources peuvent être mises à contribution pour vous aider à faire face à l'anxiété du paiement de la pension alimentaire pour enfants.

Postface

Le divorce est une épreuve difficile, qui peut briser des cœurs et fragiliser des âmes. Mais dans cette séparation, il y a aussi de la résilience, une opportunité de se libérer et de reprendre une nouvelle essence. Il faut trouver la force de se reconstruire, de panser les blessures et de ne pas se laisser détruire. Le divorce peut être un nouveau départ, une possibilité de grandir, de se libérer des chaînes qui empêchent de s'épanouir. Malgré la tristesse et le chagrin qu'il peut apporter, le divorce peut être aussi le début d'une nouvelle liberté. Il offre la chance de se retrouver, de découvrir sa véritable identité, et de se reconstruire en harmonie avec sa propre destinée.

La force du divorce réside dans la capacité à rebondir, à trouver la paix intérieure et à se reconstruire sans faillir.

C'est un chemin difficile, mais il peut mener à la guérison et à une nouvelle vie, remplie de lumière et d'émancipation. Il ne faut pas avoir peur de faire face à cette épreuve, car le divorce peut être le moyen de retrouver sa vraie nature. C'est une opportunité de s'engager sur un nouveau chemin, de se relever, de guérir et de trouver enfin le bonheur en soi-même.

Colonel Dr. Durand Castro Ndjimou

AUX ÉDITIONS DU MUNTU

-*République du Piment,* FELIX MBETBO, 2017

-*Une Dauphine dans un monde de requins,*
AUDREY ABOULA, 2017

-*Un mélange de l'art et des gens,* SADRAK 2018

-*Les Icônes de la Musique camerounaise,*
AROL KETCHIEMEN, 2018

-*Sur les Rues de Douala,* FELIX MBETBO, 2018

-*Le Maréchal Samuel Mbappé Léppé,*
AROL KETCHIEMEN, 2019

-*Les Coups d'État salvateurs en Afrique,*
AROL KETCHIEMEN, 2019

-*Coupez-leur le zizi,* FELIX MBETBO, 2019

-*Au pays de si je savais,* CLAUDE MOUAFFI, 2020

-*Défigurée,* CHRISTELLE NADIA FOTSO ,2020

-*Dialogue entre un sardinard et un tontinard,*
FELIX MBETBO, 2020

-*Hyperceptions,* PATRICK EPEE, 2020

-*Je suis bi,* INORIDE MIKA, 2020

-*L'autisme de mon fils,* Dr MIREILLE NTSAMA, 2021

-*J'ai brûlé mon Bac !* PIERRE-MARIE KINGNE, 2021

-*Graines d'espoir,* LUDOVIC LADO et MARTIN WATO, 2021

-*From WOTUTU to the world,* EDWIN ESELEM, 2021

-*Anecdotes of a promised land,* CYRILLE MOUNA, 2021

-*Petites anecdotes de la terre promise,* CYRILLE MOUNA, 2021

-*Gomindo-The Prince, C*

-*Prince Gomindo, CYRI*

-*Les icônes de la musique*

AROL KETCHIEMEN, 2021

-*Calibrés,* PAMELA MANFOUO, 2022

-*Mindset,* VIVIEN YOUMBI, 2022

-*Envoûtée,* LES HISTOIRES d'AJMM, 2022

-*Les sagesses de Jean Miché Kankan,*
FRANCK GERARD KOM, 2022

-*Tchana Pierre, l'inamovible,* JEAN NOUNDOU, 2022

-*Le piètre tireur,* DOUNGTIO FOSSO, 2023

-*Rivière de sang,* Arol KETCHIEMEN, 2023

-*Les révélations de Jean Fochiné,* FRÉDÉRIC FENKAM, 2023

-*Ncharé Yen,* ABOUBAKAR MOUNPAIN, 2023

-*Bienvenue en Eurodjistan,* Hypolite KEMBEU, 2023

-*Tonton, comment as-tu réussi tes études,* Franck Gérard KOM, 2023

-*On n'arrête pas le vent,* CYRILLE BOJIKO, 2023

-*La femme en pays Basaa,* NGO NJENG POUT, 2023

-*Au quotidien je t'écoute,* FRANCK GERARD KOM, 2023

-*Wisdom of Jean Miche Kankan,* FRANCK GERARD KOM, 2023

Imprimé aux États Unis
Les Éditions du MUNTU, Janvier 2024
ISBN 978-2-492170-39-3

Made in the USA
Columbia, SC
17 March 2024

32976764R00054